Dorothee Döring

Sterbende liebevoll begleiten

Dorothee Döring

Sterbende liebevoll begleiten

Zu Hause, in der Klinik, im Altenheim oder Hospiz

Butzon & Bercker

„Orientierung durch Diskurs"

Die Sachbuchsparte bei Butzon & Bercker, in der dieser Band erscheint, wird beratend begleitet von Michael Albus, Bruno Kern, Tobias Licht, Susanne Sandherr und Marc Witzenbacher

Bibliografische Information der Deutschen Nationalbibliothek

Die Deutsche Nationalbibliothek verzeichnet diese Publikation in der Deutschen Nationalbibliografie; detaillierte bibliografische Daten sind im Internet über http://dnb.d-nb.de abrufbar.

verlags gruppe engagement

Das Gesamtprogramm von Butzon & Bercker finden Sie im Internet unter www.bube.de

ISBN 978-3-7666-2483-3

Umschlag: © Africa.Studio – Fotolia.com
Umschlaggestaltung: Christoph Kemkes, Geldern
Satz: Schröder Media GbR, Dernbach
Printed in Lithuania

Ich lebe mein Leben in wachsenden Ringen,
die sich über die Dinge zieh'n.
Ich werde den letzten wohl nicht vollbringen,
aber versuchen will ich ihn.
Ich kreise um Gott, den uralten Turm,
und ich kreise jahrtausendelang;
und ich weiß noch nicht: bin ich ein Falke, ein Sturm
oder ein großer Gesang.

Aus: Rainer Maria Rilke, Stundenbuch

Inhalt

Das Geheimnis des Lebens
und das Geheimnis des Todes
sind verschlossen in zwei Schatullen,
von denen jede den Schlüssel zum
Öffnen der anderen enthält.

Mahatma Gandhi

Einführung

Abschied nehmen ist schwer, für den, der geht, genauso wie für den, der zurückbleibt. Um würdevoll sterben zu können, sollten die Wünsche und Bedürfnisse des sterbenden Menschen auf besonders sensible Weise Aufmerksamkeit finden. Wie kann das gelingen – in Klinik oder Altenheim, in Hospiz oder zu Hause?

Dieser Ratgeber informiert Angehörige sowie haupt- und ehrenamtliche Begleiter über das, was beim Sterbeprozess geschieht, und gibt Hilfestellung, Menschen ebenso selbstverständlich aus dem Leben zu begleiten wie Hebammen und Geburtshelfer ihnen ins Leben verhelfen.

Es geht u. a. um folgende Fragen: Was geht in einem Sterbenden vor? Wie können Angehörige und ehrenamtliche Begleiter eine Sterbebegleitung leisten, die sowohl dem Sterbenden wie auch den Begleitern gut tut?

Viele Fragen und Unsicherheiten tauchen auf, wenn Menschen in die Grenzsituationen ihres Lebens kommen. Eine zentrale Rolle nehmen in diesem Ratgeber Wünsche und Bedürfnisse Sterbender ein, die zeigen, was am Ende wirklich wichtig ist, wie sie ihre verbleibende Zeit gestalten und nutzen möchten und was ihnen auf dem letzten Weg hilft. Ergänzend kommen Angehörige und ehrenamtlicher Begleiter zu Wort, die aufgrund ihrer Erfahrungen wertvolle Anregungen und Ratschläge geben können.

Mein ganz besonderes Anliegen besteht darin, meine eigenen Erfahrungen im Grenzbereich zwischen Leben und Tod weiterzugeben und zu zeigen, dass Sterben ein Teil des Lebens ist und deshalb mit Würde zu behandeln ist. Darüber hinaus möchte ich Sterben und Tod aus der Tabuzone herausholen, um Vermeidungsverhalten vorzubeugen und einen unverkrampften Umgang mit der letzten Phase des Lebens zu ermöglichen. Ich wünsche mir, dass dieser Ratgeber dazu verhilft, das Tabu um Sterben und Tod zu brechen, um befreit und offen Abschied vom Sterbenden nehmen zu können.

Eine weitere Intention dieses Buches besteht darin, für die Weiterverbreitung des Hospizgedankens zu werben, Sterbenden nicht auszuweichen, sondern ihnen die Hand zu reichen und Nähe zu schenken.

I. Wünsche und Bedürfnisse Sterbender

1. Die Veränderung des Lebens bei unheilbarer Krankheit

In dem preisgekrönten Kinofilm *Halt auf freier Strecke*[1] erzählt der Filmemacher Andreas Dresen, wie es ist, wenn man von einer tödlichen Diagnose getroffen und der Krebs zum Familienmitglied wird. Es ist ein ergreifendes Familiendrama, bei dem es schwerpunktmäßig um einen 44-jährigen Mann geht, der mit seiner Krebsdiagnose konfrontiert wird. Der entdeckte Gehirntumor ist bösartig und inoperabel, wie ihm sein Arzt im Krankenhaus mitteilt.

Angesichts dieser Diagnose und seiner sehr befristeten Lebenserwartung will er die ihm verbleibende Zeit bei Frau und Kindern zu Hause verbringen, im neu gebauten Häuschen am Stadtrand. Das aber wird zur emotionalen Herausforderung für die ganze Familie. Seine Frau kommt bei der Pflege an die Grenzen ihrer Kraft. Der achtjährige Sohn kümmert sich liebevoll um seinen Papa, der langsam die Beherrschung über seine körperlichen Funktionen und auch sein Gedächtnis verliert. Die pubertierende Tochter flüchtet sich in den Sport.

„Unheilbar krank", das hören Jahr für Jahr Tausende von Menschen von ihrem Arzt. Die Betroffenen fallen nach der Diagnose in aller Regel psychisch erst einmal ins Bodenlose. Das ist zunächst auch eine völlig normale Reaktion. Entscheidend ist dann, wie sie mit der neuen Situation umgehen.

Zunächst müssen Betroffene für sich klären, was ihnen noch wichtig ist, zum Beispiel: *Wie und wo möchte ich meine letzte Lebensphase verbringen? Wer begleitet bzw. unterstützt mich? Was ist mir noch wichtig bzw. was möchte ich noch tun?*

Die Diagnose „unheilbar krank" bedeutet für einen Patienten und seine Familie einen massiven Eingriff in sämtliche Lebensbereiche. Neben dem Wissen um die Bedrohung des Lebens steht die Notwendigkeit, mit der Krankheit zu leben. Das bisher gewohnte Leben endet abrupt, denn nach einer solchen Diagnose wird der Alltag nun geprägt sein von immer wiederkehrenden stationären Klinikaufenthalten, ambulanten Kontrolluntersuchungen und dem ununterbrochenen Kampf mit den Nebenwirkungen aggressiver Therapien.

Die Krankheit nimmt auch großen Einfluss auf den psychischen Bereich:

- durch Verlust des Glaubens an die Möglichkeiten der Ärzte/der Medizin,
- durch Todesangst,
- durch Ausgeliefertsein und den Verlust der Selbstkontrolle,
- durch massive Eingriffe in die körperliche Integrität,
- durch den Verlust von Intimität,
- durch das Gefühl der Einsamkeit, insbesondere, wenn es keine Gesprächspartner gibt, die sich in die eigene Krankheitssituation hineinversetzen können,
- durch den Verlust gewohnter sozialer Bezüge.

Die Summe all dieser Probleme zeigt, dass eine psychosoziale Unterstützung für den Patienten und – sofern vorhanden – für seine Familie hilfreich wäre.

Wie sich das Leben für Angehörige von Krebspatienten ändert, lässt sich nicht allgemein vorhersagen. Man kennt mehrere Einflussfaktoren: Unter welcher Erkrankung leidet der Patient, wie verläuft sie? Eine wichtige Rolle spielt auch die Frage: Wie war sein Leben vor der Diagnose? Es macht zum Beispiel einen großen Unterschied, ob ein unheilbar Erkrankter schon zuvor gelernt hat, Hilfe anzunehmen, oder ob es sich für alle Beteiligten um eine neue Erfahrung handelt.

Was sich ändert, hängt auch vom Alter des Patienten ab. Für ein junges Paar verschiebt sich möglicherweise die ganze bisherige Zukunfts- und Familienplanung. Paare, die auf ein langes gemeinsames Leben zurückblicken, fürchten vielleicht eher, dass einer der Partner im Alter allein zurückbleibt. Trotz aller Unterschiede gibt es Dinge, über die viele Betroffene berichten. Sie zu kennen kann helfen, die Situation besser zu verstehen und damit umzugehen:

- Die Diagnose „unheilbar" löst nicht nur bei Betroffenen, sondern auch bei ihren Angehörigen zunächst Schock, Fassungslosigkeit und Unglauben aus. Um die Betroffenen nicht zu belasten, behalten viele Angehörige ihre Ängste für sich. Das aber kostet Kraft und erschöpft.
- Viele Menschen leiden in dieser Situation unter mangelnder Erfahrung mit offenen Gesprächen. Wer schon vor der Erkrankung gelernt hat, offen über Probleme zu reden, tut sich auch in einer solchen Belastungssituationen leichter. Menschen, die bisher Probleme eher mit sich allein und nicht mit dem Partner oder mit Freunden ausgemacht haben, haben es schwerer. Sie müssen die Bereitschaft, sich zu öffnen, erst üben und erproben, wie weit das gegenseitige Vertrauen sie trägt.
- Wenn sich Patienten zeitweilig zurückziehen, ist das für Angehörige nicht leicht zu ertragen. Auch wenn man weiß, dass es so nicht gemeint ist, bleibt unterbewusst ein Gefühl der Ablehnung und Ausgrenzung. Geschieht der Rückzug völlig wortlos, dann suchen Angehörige die Ursache unter Umständen bei sich selbst oder glauben, etwas falsch gemacht zu haben. Dabei ist das oft gar nicht der Fall: Wer mit einer niederschmetternden Diagnose konfrontiert wird, braucht oft eine *Auszeit*, die es ihm erlaubt, mit sich selbst klarzukommen und sich nicht mitteilen zu müssen.
- Die Todesnähe kann für Betroffene der Anlass sein, das eigene Leben neu zu überdenken und egoistischer und kompromissloser zu sein. Das kann Familie, Freunde und Kollegen einige Umstellungen abverlangen und zur Entfremdung und Unverständnis führen.
- Bei Menschen, die sich in der letzten Lebensphase befinden, kann das Bedürfnis nach körperlicher Zuwendung schwanken. Weiß der gesunde Partner nicht, woran er ist, kann das für Zweifel sorgen.
- Unter Umständen leben Familienmitglieder, Freunde und Bekannte nicht am selben Ort. Wie der Betroffene mit der Belas-

tung im Alltag umgeht, wird nicht unmittelbar miterlebt. Es kann dann schwer sein, über die Distanz eine geeignete Form der Unterstützung zu finden.

Wer schwer erkrankt ist und weiß, dass er nicht mehr gesund werden, sondern sterben wird, macht zum ersten Mal in seinem Leben Grenzerfahrungen, denen er ausgeliefert ist. Er verliert seine *Autonomie* und *Kontrolle* über seinen Körper und sein Leben. Das ist ein schwerer Einschnitt in sein bisheriges Leben, der als Krise erlebt wird und depressiv oder aggressiv machen kann.

Die ersten Erfahrungen mit Autonomie- und Kontrollverlust machen wir mit unseren Großeltern, sofern sie im gleichen Haus oder in der Nähe wohnen. Das Märchen *Der alte Großvater und der Enkel*[2] ist eine moralische Parabel der Grimm'schen Märchen, die zeigt, wie sehr Kinder das nachahmen, was sie bei ihren Eltern beobachten und von ihnen lernen.

Das Märchen erzählt die Geschichte von einem alten Großvater, dessen Hände so zittrig geworden sind, dass er seine Suppe nicht mehr richtig essen kann. Er verschüttet sie, und sie läuft ihm auch immer wieder aus dem Mund. Da sich sein Sohn und seine Schwiegertochter davor ekeln, muss er beim Essen vom Tisch verbannt allein in der Ecke sitzen. Als er dazu noch seine Schüssel zerbricht, bekommt er einen Holznapf, aus dem er essen muss. Kurz darauf trägt der vierjährige Enkel kleine Brettlein zusammen und erklärt den Eltern, er wolle ein Tröglein machen, aus dem Vater und Mutter essen sollen, wenn er groß sei und sie dann alt seien. Daraufhin fangen die Eltern an zu weinen und holen den Großvater wieder an den Esstisch zurück. Der Enkel nimmt seine Eltern zum Vorbild und zeigt ihnen, dass sie das gleiche Schicksal erwartet. Er spiegelt seinen Eltern das Unrecht, das sie dem Vater bzw. Großvater antun.

Was wir uns unter Autonomie- und Kompetenzverlust vorzustellen haben, erfahren wir hautnah an unseren Eltern, die in die Jahre gekommen sind und uns zum *Rollentausch*[3], d. h. dazu zwingen, zu Eltern der eigenen Eltern zu werden. Plötzlich sind die Rollen vertauscht: Abhängig und hilfsbedürftig sind jetzt nicht mehr die Kinder, sondern die Eltern. Kein Wunder, dass das Probleme schafft. Wir haben die Rolle der Eltern gegenüber unseren Eltern zu übernehmen und sind in der Regel nicht darauf vorbereitet.

Was sich im Verlauf einer unheilbaren Krankheit, die zum Tod führt, alles verändert und pflegende Angehörige vor Herausforderungen stellt, das erzählt Philip Roth meisterhaft in seinem Roman *Mein Leben als Sohn*[4]. Der Autor schildert, wie sein hochbetagter Vater langsam an einem Hirntumor stirbt. Auch wenn er dabei durchaus nicht an drastischen Szenen spart, ist es die Person des Vaters an sich, die den Leser gefangen nimmt, und die Liebe des Sohns zu seinem Vater in allem, was dieser ihm in zunehmender Hilflosigkeit abverlangt. Des Vaters unbändiger Lebenswille und -mut sowie seine schrulligen Eigenarten und die unzähligen, immer wiederkehrenden Erinnerungen an Menschen, Orte und ihre Begebenheiten schaffen für den Sohn eine Welt, in der er selbst existiert, handelt und lebt. Bis zuletzt, und auch nach seinem Tod, bleibt der Vater für den Sohn die letzte Instanz, die über allem, was er tut, zu Gericht sitzt.

Philip Roth setzt sich in diesem Roman mit der Beziehung zwischen Eltern und Kindern auseinander, mit dem Altwerden, der Einsamkeit und Abhängigkeit und vor allem mit der Liebe, wenn sie am schwierigsten ist. Mit schonungsloser Genauigkeit, aber auch mit Mitgefühl schildert der Autor die letzten Lebensjahre seines Vaters, die er begleitet.

Roths Roman beschreibt das Alleinleben seines hochbetagten Vaters nach dem Tod seiner Frau, seinen beginnenden Gehirntumor, der den körperlichen und geistigen Verfall beschleunigt, die schrecklichen Einschränkungen zum Lebensende, das Sterben seines Vaters und die Last seiner Träume nach dem Tod des Vaters.

Philip Roth lehnt es ab, einen schönen Schein um das Altern zu legen, sondern nimmt das Altern und die damit in Verbindung stehenden Abbauprozesse sehr ernst: die Weigerungen des

Vaters, sich eine eigene *New York Times* zu kaufen, das Warten über den ganzen Tag, ein gelesenes Exemplar von einem der Hausbewohner zu bekommen, die dumpfe Wut über die Abbauprozesse des Alterns sowie den sich zunehmend verfestigenden Altersstarrsinn. Diese Prozesse schildert der Autor als wichtige Stützen für die Identität des Vaters. Diese ernsten und zugleich auch lächerlichen tagtäglichen Prozeduren gehören zum Lebensalltag des Vaters, können von den Angehörigen mit mehr oder weniger Humor ertragen, aber nicht einfach verworfen werden. *Mein Leben als Sohn* ist eine unendlich traurige wahre Geschichte, die Trauer, Sanftheit, aber zugleich auch eine Tiefe vermittelt. Dem Autor gelingt es, Altern, Abbauprozesse und das Lebensende als die größten Herausforderungen begreifbar zu machen.

Was Hilflosigkeit, Abhängigkeit sowie Autonomie- und Kontrollverlust aus Menschen machen, mögen folgende Beispiele verdeutlichen.

Melanie, 28:

Auf meine Omi war ich immer stolz, und ich hatte eine sehr innige Beziehung zu ihr. Bis zu einem Schlaganfall im Alter von 84 lebte sie selbstbestimmt und autark in ihrem Haus in der Eifel. Als sie zum Pflegefall wurde, war es meinen Eltern nicht möglich, sie zu sich in eine Großstadtwohnung in Köln zu nehmen, weil meine Eltern beide noch berufstätig waren und ich zum Studium in Berlin war. Es kam also nur eine Pflegeeinrichtung infrage, die Omi rund um die Uhr betreuen konnte.

Bei Besuchen hatte ich zwar einen guten Eindruck vom Pflegeheim, trotzdem spürte ich, welchen Bruch diese Entscheidung für Omis Leben bedeutete. Aus der selbstbestimmten, autonomen Frau von einst war eine Insassin geworden. Das neue Territorium, das nun ihr Zuhause sein sollte, konnte sie ohne fremde Hilfe nicht verlassen. Gleichzeitig war sie aber immer noch eine feine Dame. Sie saß stets perfekt frisiert in ihrem Rollstuhl, einen roten Pullunder über dem schmächtigen Körper, dazu eine Bundfaltenhose und um den Hals ihre Lieblingsperlenkette. Sie roch gut. „Alte Menschen müssen nicht schlecht riechen", war immer ihre Einstellung. Omi roch wie früher, als ich noch ein Kind war, nach frisch gewaschener Wäsche, aber ihr Blick war traurig, und das machte mich jedes Mal, wenn ich sie besuchte, total fertig. Es war der Blick einer Frau, die Jahrzehnte lang froh, selbstständig, frei gelebt hatte, die Herrin über ihren Geist und Körper war und nun klingeln musste, wenn sie zur Toilette wollte.

Wie alle Bewohner war auch Omi nun ausgeliefert, abhängig. Dieses Ausgeliefertsein ist deshalb so grausam, weil es am Ende die kleinen Irrtümer sind, die täglichen Erniedrigungen, die einen Menschen zerbrechen. Einmal wurde Omi nach dem Baden statt mit Körperlotion mit Duschgel eingerieben, angezogen und in den Rollstuhl gesetzt wie ein Kind, das sich nicht wehren kann. Ihr Körper juckte, es interessierte niemanden. Ein anderes Mal sagte ein Pfleger: „Stehen Sie mal auf." Er hatte vergessen, dass Omi halbseitig gelähmt war. Irgendwann erklärte Omi dem Heim den Krieg und verweigerte häufig das Essen. Sie nahm zehn Kilo ab. Ihre Knochen schimmerten durch die weiße Haut. Mit der Zeit verschwand sie mehr und mehr in ihrem Rollstuhl, als wolle sie sich in Luft auflösen. Aber ihr Händedruck war warm und zart wie früher.

Almuth, 61:

Ich kann mich noch sehr gut an die Begleitung meines Vaters erinnern, die mit widersprüchlichen Gefühlen verbunden war. Einerseits genoss er es, dass ich für ihn da war und er dadurch zu Hause sein konnte, andererseits haderte er, der immer der „Macher" gewesen war, damit, abhängig zu sein. Deutlich spürte ich seine innere Zerrissenheit durch die Beschädigung seines Selbstbildes. Er tat sich auch sehr schwer damit, täglich feststellen zu müssen, dass seine einstigen Kompetenzen nachließen, dass er sich im Haus von einem Stuhl zum nächsten schleppte und die Treppe zum Schlafzimmer nicht mehr schaffte. Ich kann mich noch an den Tag erinnern, an dem er mir seinen Führerschein mit den Worten „damit ist es nun auch vorbei" ablieferte. Das war bitter für ihn, aber verantwortungsvoll. Er wusste, dass die vielen Medikamente, die er hoch dosiert einnehmen musste, seine Reaktionsfähigkeit und Fahrtüchtigkeit beeinträchtigten. Er wollte nicht anderen zur Gefahr werden. Ich spürte deutlich, dass er zwar verantwortungsvoll gehandelt hatte, dass ihn sein Siechtum aber emotional sehr belastete und er seinen Tod nicht akzeptieren wollte.

Selbst diejenigen, die immer dafür plädierten, Sterbende müssten loslassen können und zur Phase der Akzeptanz kommen, wehrten sich selbst mit aller Kraft gegen den Tod. Ein prominentes Beispiel ist die Sterbeforscherin Elisabeth Kübler-Ross, die die „fünf Phasen des Sterbens" definierte und in ihren Werken schrieb: „Man muss loslassen können. Wenn der Sterbende und seine Familie das akzeptieren, ist es das Schönste überhaupt." Doch als sie 2004 selbst betroffen und sterbenskrank war, war alles plötzlich anders. Ihre Schwester äußerte sich dazu in einem Interview: „Sie hat so viel über Tod und Sterben geschrieben, es sogar verherrlicht. Jetzt, da ihre Zeit kommt, sagt sie: ‚Ich muss noch dies und das machen.'"

Auch bei dem hochbetagten Schweizer Theologen Hans Küng ist ein Wandel zwischen dem, was er einst vertrat, und dem, wie er mit seinem eigenen Alter und den damit verbundenen Einschränkungen umgeht, erkennbar. Als gesunder Mann warb er in seinen Vorträgen und Veröffentlichungen für „unbedingtes und restloses Vertrauen zu Gott". Darin finde der leidende, zweifelnde und verzweifelte Mensch einen letzten Halt. So lasse sich das Leid zwar nicht erklären, aber „bestehen": „Der Mensch gelangt durch Leiden zum Leben", sagte Küng. Jetzt, da seine Lebensenergie, seine Hände und Augen erschlaffen, klagt er leidend in seinen Memoiren: „Ein Gelehrter, der nicht mehr schreiben und lesen kann? Was dann?" Er sagt: „Ich will nicht als Schatten meiner selbst weiterexistieren", und erwägt als Ausweg für sich den Tod durch Sterbehilfe in der Schweiz.

Ich bin der Meinung, dass Sterbenskranke ein Recht darauf haben, gegen ihre Ohnmacht, ihren Kompetenz- und Autonomieverlust und ihr Leiden und Sterben zu protestieren, und sie tun es auch. Ihr Aufbegehren ist für Außenstehende jedoch kaum auszuhalten, vor allem dann nicht, wenn der Sterbende klagt: „Du bist gesund. Ich muss sterben!“

2. Wie setzen sich Sterbende mit ihrem Ende auseinander?

Fast alle Sterbende, die ich begleitet habe, hatten Angst vor dem Sterben, vor allem aber, unbeherrschbaren Schmerzen ausgeliefert zu sein. Falsch wäre es, dem Sterbenden seine Ängste, Sorgen, Unsicherheiten und seine Hilflosigkeit auszureden. Das ist eine Unehrlichkeit, die Sterbende spüren. Viele Sterbende – vor allen, wenn sie schmerztherapeutisch gut eingestellt waren – konnten nicht glauben, dass ihre Zeit schon abgelaufen sein sollte. Fast immer empfanden Sterbende den Zeitpunkt, bald sterben zu müssen, als zu früh. Besonders junge Sterbende fanden es ungerecht, schon gehen zu müssen, während Gleichaltrige weiterleben durften. Viele hatten noch so viel vor. Sie wollten ihre Kinder oder Enkel noch heranwachsen sehen, und jetzt, da sie finanziell keine Sorgen mehr hatten, die Kinder groß und versorgt waren und alles bestens war, noch einmal eine Weltreise machen. Sie schwankten zwischen Trauer über den Verlust ihres ungelebten Lebens und Dankbarkeit für alles Schöne, das sie bis zuletzt bewusst genießen wollten.

Das Sterben ist zwar ein magischer Moment im Leben, aber es wird von den meisten Menschen verdrängt, und es wird so getan, als beträfe es nur andere Menschen. Oft ist zu hören: „Darüber machen wir uns Gedanken, wenn es so weit ist!“ Dabei ist der Tod das Verlässlichste in unserem Leben, auch wenn wir den Zeitpunkt nie genau wissen.

Menschen, die es geliebt hatten, möglichst nichts dem Zufall zu überlassen, um die Kontrolle über ihr Leben zu behalten, half es am Lebensende, sich folgende Fragen zu stellen:

- Wo will ich sein, wenn ich mich nicht mehr allein versorgen kann?
- Welche professionelle Hilfe wird angeboten?
- Wie steht es mit finanzieller Unterstützung?
- Wer würde sich zur Hilfe bereit erklären?
- Wen will ich um mich haben?

Sicher ist, dass man als Schwerkranker am Ende seines Lebens seine Autonomie verliert und auf Hilfe angewiesen ist. Diese Vorstellung, sich nicht mehr selbst versorgen zu können, ist für Menschen, die autonom und selbstbestimmt gelebt haben, bitter. Wenn auch noch der Ablauf des Tages vollkommen fremdbestimmt ist und man in einer nicht vertrauten Umgebung auf fremde Hilfe angewiesen ist, wird das oft als schlimm empfunden. Damit das nicht geschieht und man sich nicht ausgeliefert fühlt, ist es hilfreich, sich rechtzeitig Gedanken zu machen und mitzubestimmen.

Natürlich lässt sich das Sterben nicht wie eine Hochzeit planen, aber wenn man sich vorher damit auseinandersetzt, kommt man mit dem Unausweichlichen besser zurecht.

Viele glauben, dass sterbenskranke Menschen permanent über ihren Tod nachdenken. Aber so habe ich das nicht erlebt. Nach meiner Beobachtung geschieht das fast immer phasenweise.

Um zu vermeiden, dass der Sterbende in eine Grübelspirale und damit in eine depressive Verstimmung gerät, ist es die Aufgabe eines Begleiters, Angebote zu machen, die ablenken und trotz mancher Einschränkungen dazu führen, dass er noch Lebensqualität empfinden kann. Humorvolle Situationen sind meiner Erfahrung nach sehr willkommen.

Natürlich werden Sterbende immer wieder mit ihrer eigenen Endlichkeit konfrontiert, und sie setzen sich ganz individuell damit auseinander. Doch genauso wichtig sind die Pausen zwischendurch. Jeder braucht Zeit, um zu begreifen, dass das eigene Leben bald zu Ende sein wird. Die meisten signalisieren von selbst, dass bzw. wann sie über ihr Ende reden wollen. Manche verschließen sich, kapseln sich ab, können sich vielleicht verbal nicht äußern. Manchem tut es gut, über Musik seine emotionale Not zu lindern. Meine Erfahrung ist, dass diejenigen am besten loslassen konnten, die auf ein intensives, erfülltes Leben zurückblicken konnten. Eine Patientin äußerte sich so: „Ich habe mein Leben gelebt, alles ist gut!" Ein anderer Patient war davon überzeugt, richtig gelebt zu haben, auch wenn sein Leben sehr mühsam gewesen sei. Allgemein kann man feststellen, dass diejenigen, die ein erfülltes Leben hatten, bereiter waren zu sterben, als solche, die viele unerledigte Dinge hinterließen oder glaubten, um irgendetwas betrogen worden zu sein. Meiner Beobachtung zufolge können Menschen, die ihr Leben, wie es war, akzeptieren konnten, leichter loslassen und sterben.

Manchmal helfen Sterbenden ihre nachlassenden Kräfte dabei, sich in das Unvermeidliche zu fügen. Viele spüren das Bedürfnis, letzte Dinge zu regeln. Sie schreiben ihr Leben für die Bleibenden auf oder verabschieden sich bewusst von ihren Liebsten. Andere planen ihre Bestattung, machen ihr Testament und ordnen die Finanzen. Familien rücken in dieser Phase näher zusammen, obwohl sich Konflikte – vor allem, wenn sie seit Jahrzehnten schwelen – nicht von selbst auflösen. Aber angesichts des Todes kommt es oft zu Umbewertungen und dazu, vieles weniger streng zu beurteilen.

3. Wie und wo Sterbende die letzte Phase ihres Lebens verbringen möchten

Für alle, die wissen, dass ihre Lebenszeit durch die Diagnose einer unheilbaren Krankheit sehr befristet ist, stellt sich über kurz oder lang die Frage: Wie möchte ich die mir verbleibende Zeit nutzen? Was möchte ich gern ändern? Die Auseinandersetzung mit einer unbestimmten kurzen Lebenszeit und dem unausweichlichen nahen Ende zwingt dazu, Prioritäten zu setzen, verhilft aber auch dazu, eher so zu leben, wie wir es wirklich wünschen, ohne Kompromisse und Rücksichtnahmen.

Folgende Wünsche wurden häufig geäußert:

- „Ich möchte gern zu Hause, in meiner gewohnten Umgebung sein."
- „Ich möchte mit mir selbst und den Menschen, die mir nahestehen, in Einklang leben."
- „Ich möchte mich viel in der Natur aufhalten, ihre Schönheit bewundern und aufnehmen und dadurch Ruhe und Gelassenheit finden."
- „Ich möchte für alle, die mir etwas bedeuten, Abschiedsbriefe schreiben, um meine Gedanken und Gefühle zu hinterlassen."
- „Ich will tun, wozu ich Lust habe."

Aus allen noch so unterschiedlichen Äußerungen lässt sich ableiten, dass „bewusster leben" bedeutet, sich intensiv dem eigenen Erleben zuzuwenden und für Wahrnehmungen und Empfindungen offen zu sein. Viele empfanden es als hilfreich, weniger nach der Uhr und mehr nach den eigenen Gefühlen zu leben. Eine übereinstimmende Aussage Sterbender bestand darin, dass sie Stunden intensiver Nähe mit der Gewissheit des Abschieds als unendliche Bereicherung empfanden, denn es ist zu beobachten, dass das Wissen um die baldige Trennung Menschen zusammenrücken lässt. Angehörige und Begleiter sollten wissen, dass es ein schwieriger Weg ist, trotz der vielen Einschränkungen und Beeinträchtigungen aufgeschlossen zu sein und zu bleiben für das Schöne, das auch diese Phase noch bietet.

Hilfreich sind für Sterbende eine Umgebung, die Geborgenheit vermittelt, und Menschen, von denen sie sich verstanden fühlen und denen sie vertrauen. Das Annehmen des nahen Todes ermöglicht es dem Sterbenden, die restliche, verbleibende Lebenszeit in Harmonie mit sich und seinen Angehörigen zu verbringen.

Die meisten Sterbenden wünschen sich, zu Hause zu sterben, obwohl das aus verschiedensten Gründen nicht immer möglich ist. Häufiger aber sterben Menschen im Krankenhaus, auf der Palliativstation einer Klinik, im Altenpflegeheim oder im Hospiz.

Kathrin, 17, hatte ein Sarkom, einen besonders bösartigen Tumor. Immer wieder musste sie in die Uniklinik. Am Ende verbrachte sie mehr als fünf Monate durchgehend dort. Immer wieder hatten Ärzte, Schwestern und vor allem die Eltern gehofft, die Entlassung stehe unmittelbar bevor – zu Weihnachten, zu Silvester, zu Karneval oder zumindest zu Ostern. Und immer wieder hatten Komplikationen selbst einen kurzen Urlaub unmöglich gemacht. Schließlich wurde Kathrin klar, dass sie die Krankheit nicht überleben würde und dass ihr nicht mehr viel Zeit blieb.

In dieser Situation wollte sie nach Hause. Aber sie war Intensivpatientin. Sie wurde beatmet, künstlich ernährt und hatte eine implantierte Pumpe zur Schmerztherapie. Um ihr ihren letzten Wunsch zu erfüllen, wurde in ihrem Elternhaus eine mobile Intensivstation eingerichtet. Es blieb nicht viel Zeit, doch nach wenigen Tagen waren die technischen Probleme gelöst. Kathrin wurde von der Intensivstation der Uniklinik ins Wohnzimmer ihrer Familie auf einem Bauernhof verlegt. Pflegerische und ärztliche Betreuung waren organisiert, die Technik vorbereitet.

4. Wünsche Sterbender an ihre Begleiter

Wenn ein Mensch im Sterben liegt, fällt es Angehörigen und ehrenamtlichen Begleitern oft schwer, nach letzten Wünschen zu fragen, denn gefühlt markiert diese Frage den Moment, in dem die Hoffnung aufgegeben wird. Doch hier sollten Angehörige und Begleiter versuchen, über ihren Schatten zu springen und auf Herzensangelegenheiten einzugehen, denn für Sterbende ist dieser „Abschluss“ sehr wichtig. Vielleicht wünschen sie sich, noch einmal ans Meer zu reisen oder noch einmal Orte der Kindheit zu besuchen. Letzte Wünsche von Sterbenden sind so individuell wie die Menschen, die sie äußern.

Weil es so wichtig ist, am Ende des Lebens noch einen Herzenswunsch erfüllt zu bekommen, hat der Regionalverband Ruhr des Arbeiter-Samariter-Bundes (ASB) 2014 die Initiative des „Wünschewagens“ gestartet, die letzte Wünsche ermöglicht, indem sie ein für den Krankentransport ausgerüstetes Fahrzeug und speziell geschulte Begleiter zur Verfügung stellt. Der Wünschewagen bringt z. B. einen Großvater zur Erstkommunion der Enkelin, die er sonst nicht mehr hätte besuchen können, er ermöglicht einem krebskranken Ehepaar eine letzte Reise ans Meer, er fährt eine früher begeisterte Reiterin noch einmal zu ihren Lieblingstieren auf den Reiterhof. Ehrenamtliche Helfer übernehmen bei solchen Aktionen Fahrdienst und Begleitung.

Von dem Erlebnis, einen Herzenswunsch erfüllt zu bekommen, zehren Sterbende, denn es bedeutet für sie, herauszukommen aus der Enge eines Krankenzimmers, aus einer Umgebung, in der sich alles um Krankheit und Sterben dreht, und noch einmal etwas zu erleben, was der Seele immer gut getan hat.

Manche Wünsche bleiben dennoch unerfüllbar: Vielleicht ist die Erkrankung schon zu weit fortgeschritten, um noch einmal eine Reise zu unternehmen, vielleicht lässt sich zu der lange vermissten Jugendfreundin einfach kein Kontakt mehr herstellen ...

Manche Sterbende haben aber auch ein Anliegen, das über ihren Tod hinausgeht. Das kann ein konkreter Auftrag sein: „Ich möchte, dass du die Firma weiterführst.“ Oder ein eher allgemein gehaltener, aber trotzdem nicht minder bedeutsamer Wunsch: „Ich möchte, dass du wieder glücklich wirst.“ Oder, an ein Kind gerichtet: „Ich wünsche mir, dass du dich um deinen Bruder kümmerst.“ Solche Aufträge können zur Bürde werden, zumal, wenn sie unerfüllbar sind und bei Hinterbliebenen ein schlechtes Gewissen auslösen.

Schwierig wird es immer dann, wenn Wünsche einfach im Raum stehen, wenn keine Zeit mehr bleibt, darüber zu sprechen, oder wenn in der Sterbesituation die Worte fehlen. Ein Wunsch des Sterbenden für das Leben des Überlebenden könnte z. B. sein, nicht allein zu bleiben, sondern sich zu verlieben, um wieder glücklich zu werden.

Es wird jedoch immer auch Wünsche geben, die Angehörige nicht erfüllen können oder möchten, sei es, dass das Haus nicht verkauft wird oder das Unternehmen, das im Familienbesitz bleiben soll, nicht weitergeführt wird oder werden kann.

Die meisten Sterbenden wünschen sich, dass diejenigen, die ihnen nahestehen, für sie da sind und sie auf ihrem letzten Weg begleiten.

Im Angesicht des Todes,
wenn es so weit sein wird mit mir,
brauche ich den Engel in dir.
Bleibe still neben mir in dem Raum,
jag den Spuk, der mich schreckt aus dem Raum,
sing' ein Lied vor dich hin, das ich mag
und erzähle, was war manchen Tag,
zünd' ein Licht an, das Ängste verscheucht,
mach' die trockenen Lippen mir feucht
wisch' mir Tränen und Schweiß vom Gesicht,
der Geruch des Verfalls schreckt dich nicht,
halt' ihn fest, meinen Leib, der sich bäumt,
halte fest, was der Geist sich erträumt,
spür' das Klopfen, das schwer in mir dröhnt,
nimm' den Lebenshauch wahr, der verströmt.
Wenn es so weit sein wird mit mir,
brauche ich den Engel in dir.[5]

5. Abschied vom Leben

Der Abschied vom Leben gestaltet sich so unterschiedlich, wie Menschen ihr Leben geführt haben. Die einen gehen offen damit um, sterben zu müssen, und verabschieden sich von allen, die ihnen nahestehen, andere vermeiden es. Schwer ist der Abschied für diejenigen, die noch unbehandelte Lebenswunden haben, die nicht geheilt werden konnten. Auch Verbitterung und Groll, die ihr Lebensende möglicherweise belasten, oder Unversöhnlichkeit mit Menschen, die ihnen nahestehen, können den Abschied vom Leben zusätzlich erschweren. Die Art, wie Sterbende Abschied vom Leben nehmen, ist eine Mentalitätsfrage und natürlich auch eine der Prägung. Gläubige Christen vertrauen z. B. darauf, dass Gott sie auffangen wird und nicht ins Bodenlose abstürzen lässt.

Ein 80-jähriger Mann, den ich über drei Monate begleitete, gab mir gegenüber zu erkennen, dass er ein gläubiger Mensch sei und dass ihm sein Glaube immer Halt gewesen sei. Und so vertraue er auch darauf, dass Gott ihn an- und aufnehmen werde, wenn es so weit sei zu gehen. Auf dem Nachttischschränkchen in seinem Zimmer lag immer ein Gedichtband von Rainer Maria Rilke. Ein Lesezeichen markierte die Seite mit dem *Herbstgedicht*, und mit Textmarker gekennzeichnet war die Stelle, an der es heißt ... „Und doch ist einer, der dies Fallen unendlich sanft in seinen Händen hält."

Von vielen Sterbenden weiß ich, dass sie für ihre nächsten Angehörigen als Nachlass letzte Briefe mit individuellem Inhalt verfassen. Künstlerische Menschen und solche, die immer „Macher" waren, überlassen auch ihr Ende nicht ihren Angehörigen, sondern legen fest, wo und wie die Trauerfeier gestaltet werden soll, wer daran teilnehmen soll, wie und wo sie bestattet werden möchten. Manche entwerfen sogar die Texte für ihre Todesanzeigen oder gestalten ihren Grabstein. Das gibt ihnen das gute Gefühl, bis zuletzt selbstbestimmt gelebt zu haben.

Oft konnte ich aber auch erleben, dass in der letzten Phase die spirituellen Bedürfnisse deutlicher erkennbar wurden. Viele ältere Sterbende fragten immer danach, ob ich ihnen Psalmen vorlese oder Marienlieder singe. Das schienen tröstliche Rituale zu sein, die Sterbende beruhigten. Eine Frau hatte einen Kassettenrecorder am Bett stehen und wollte immer wieder die Kommunionfeier ihrer Enkelin hören.

Oft fragen Sterbende dann nach seelsorglicher Begleitung und wünschen sich, wenn sie religiös erzogen wurden, dass ein Pfarrer kommen, ihnen die Beichte abnehmen und die Kommunion als letzte Wegzehrung bringen soll. Andere wünschten sich zur seelischen Stärkung und als Kraftquelle für den letzten Weg das Sakrament der Krankensalbung. Gläubigen Menschen hat das den Abschied vom Leben und der Welt erkennbar erleichtert.

Ich habe in vielen Begleitungen aber auch erlebt, dass Humor Schwerkranken und Sterbenden hilft, obwohl Angehörige und Begleiter oft glauben, es sei pietätlos, mit Sterbenden zu lachen und zu scherzen. Meiner Erfahrung zufolge ist das Gegenteil der Fall, denn Humor bringt Freude, Leichtigkeit und Lebendigkeit, und das kann ein wichtiger Schutzfaktor und Lebenselixier für Sterbende sein.

Eckhard von Hirschhausen, Arzt und Kabarettist, wünscht sich, dass auf jeder Palliativstation bzw. in jedem Hospiz ein Satz des Schriftstellers George Bernard Shaw stehe: „Das Leben hört nicht auf, komisch zu sein, wenn wir sterben – ebenso wenig, wie es aufhört, ernst zu sein, wenn man lacht."

Humor in der Begleitung Schwerstkranker und Sterbender ist für beide Seiten hilfreich, denn Humor baut Brücken über Abgründe. Lachen kann das lähmende Gefühl von Ohnmacht durchbrechen und Sprachlosigkeit überwinden.

In der Begleitung Sterbender wird geweint und gelacht. Beides gehört zusammen. Häufiger beobachtete ich aber, dass Begleiter (Angehörige, Pflegekräfte und ehrenamtliche Hospizmitarbeiter) eine Scheu davor haben, humorvoll zu sein. Sie glauben an eine Art normative Vorstellung, dass man angesichts einer zum Tode führenden Erkrankung nichts mehr zu lachen habe. Dabei unterschätzen sie aber, welch hilfreiches Potenzial im Humor liegt. „Nichts ist mehr geeignet, Distanz zu schaffen als der Humor", schreibt Viktor Frankl in der *Ärztlichen Seelsorge*. Mit Humor können schwierige Situationen entkrampft, Sprachlosigkeit durchbrochen und Abstand zur Belastung geschaffen werden. Humor ist die Bewältigungsstrategie Nr. 1 im Alltag, eine Kernressource, die Menschen bis zum Tod in sich haben können, und nicht nur eine Haltung im und zum Leben, sondern auch zum Sterben und in der Trauer. Diese Haltung ist eher gekennzeichnet von Gelassenheit als von Verzweiflung, eher von der Akzeptanz der eigenen Begrenztheit als dem Hadern um versäumte Gelegenheiten im Leben.

Humor ist wichtig, weil er Anspannung und Ängstlichkeit auflöst. Ein lockerer Spruch oder eine liebevolle, heitere Anekdote sind verbale und nonverbale Kommunikationsformen, die in angespannten Situationen Erleichterung und Heiterkeit auslösen können. Humor ist für Sterbende so etwas Ähnliches wie „Kurzurlaub für die Seele" und erleichtert den Abschied Sterbender vom Leben. Zum Abschied vom Leben gehört es auch, etwas abzuschließen, eine Lebensbilanz bzw. eine Lebensrückschau durchzuführen, die auch Trauer über verpasste Gelegenheiten beinhalten kann.

In den Jahren, in denen ich selbst ehrenamtlich im stationären Hospiz zahlreiche Sterbende begleitet habe, bin ich auch mit den Gedanken und Gefühlen konfrontiert worden, die sie an ihrem Lebensende bewegten. Die meisten lassen ihre Lebensentscheidungen Revue passieren und bereuen am häufigsten Dinge, die sie *nicht* getan haben. Die Lebenden können daraus lernen.

Im Sterben verändern sich die Maßstäbe, es ist Zeit, sein Leben zu bilanzieren. Was ist gelungen, was würde man anders machen, wenn noch Zeit wäre? Fragen, die nicht nur Zufriedenheit und Glück auslösen. Bei vielen Menschen stellt sich das „Ach wär' ich doch, ach hätte ich doch"-Gefühl ein.

„Wenn ich noch einmal zu leben hätte" – so beginnen oft Geständnisse des Bedauerns, in denen Sterbenden bewusst wird, was am Ende wirklich zählt. Die meisten bedauern verpasste Gelegenheiten: Einmal Fallschirmspringen, die Pyramiden sehen, das schönste Mädchen der Welt küssen – das sind die Punkte, die Jack Nicholson und Morgan Freeman im Film *Das Beste kommt zum Schluss* auf eine finale To-do-Liste schreiben, als sie erfahren, dass sie bald sterben werden.

Sterbebegleiter erleben es immer wieder, Menschen am Ende ihres Lebens zu begegnen, die ihre Lebensbilanz gern noch verändern würden, doch es ist zu spät. Die Lebensbilanz und ehrliche Lebensrückschau Sterbender offenbart viele verpasste Gelegenheiten und unzeitgemäße Erkenntnisse. Es kann bitter sein zu erkennen, dass so mancher Lebenstraum geplatzt ist, sich nicht mehr verwirklichen lässt und einiges offen und unvollendet bleiben wird.

Um nicht in Verbitterung zu versinken, ist es wichtig, dass Begleiter Sterbende dabei unterstützen, ehrlich Bilanz zu ziehen und dabei auch das Schöne zu sehen, das ihnen das Leben schenkte, und sich mit sich selbst und ihrem Leben, das so anders war, als erträumt, zu versöhnen.

In den Jahren meiner Sterbebegleitung im stationären Hospiz begleitete ich eine über 90-jährige Frau, die mit sich und ihrem Leben haderte und sich darüber beklagte, wie ungerecht ihr Leben gewesen sei. Sie habe ein fremdbestimmtes Leben führen müssen, das sie so nicht gewollt habe. Das hatte folgenden Hintergrund:

Sie war die achte von elf Kindern und bekam nicht dieselbe Beachtung wie ihre älteren Geschwister, die im Internat waren, Abitur machen und studieren durften. Als ungerecht empfand sie es, trotz ihrer guten Leistungen in der Volksschule nicht – wie ihre jüngeren Geschwister – zumindest einen Lehrberuf ergreifen zu können. Ihre Mutter hatte für sie dafür vorgesehen, sie bei der Arbeit in Haus, Garten und auf dem Feld zu unterstützen und zusätzlich ihrer ältesten, bereits verheirateten Schwester zu helfen. Sie empfand sich als Aschenputtel. Um der Ausnutzung zu entkommen, bewarb sie sich auf eine Stelle als Hauswirtschafterin in einem Pfarrhaushalt, um der Enge ihres Dorfes zu entkommen und um für ihre Arbeit zumindest entlohnt zu werden.

Ihr Traum war es immer gewesen, die große weite Welt kennenzulernen. Mit ihrem Mann gemeinsam wollte sie diesen Traum verwirklichen. Doch der Bruder ihres Mannes, der das Elternhaus und die alten Eltern übernehmen sollte, kam nicht aus dem Krieg zurück. Durch die Umstände gezwungen, musste sie ins Haus der Schwiegereltern ziehen und sich mit der von ihr zutiefst abgelehnten Landwirtschaft abgeben.

Obwohl sie sich über drei wohlgeratene Kinder, fünf Enkelkinder und vier Urenkelkinder hätte freuen können und natürlich über ihre Lebensleistung, haderte sie, 90-jährig, immer noch mit ihrem als ungerecht empfundenen Leben. Selbst auf meine Bemerkung: „Wenn Ihr Leben nicht so verlaufen wäre, dann hätten Sie jetzt nicht Ihre wunderbare Familie" antwortete sie spontan: „Dann hätte ich eben eine andere!"

Es war mir nicht möglich, bei dieser alten Frau einen Perspektivwechsel herbeizuführen und ihre Wahrnehmung mehr auf die Geschenke ihres Lebens zu lenken. Die Verbitterung über ihr als ungerecht empfundenes Leben vermochte ich nicht aufzulösen. Sie empfand sich als Opfer und sah nicht die Chance, sich mit sich und ihrem Schicksal zu versöhnen, das „Opferland" der Vergangenheit zu verlassen und sich an dem zu erfreuen, was ihr das Leben geschenkt hatte.

Ein weiteres Erlebnis ist bei mir besonders tief verankert. Es handelt sich um einen 68-jährigen Mann, der sich keine Illusion über sein Ende machte. Immerhin war er noch imstande, sich zu artikulieren und auf diese Weise am Leben teilzunehmen.

Edmund war ein interessanter, intelligenter Mann, mit dem ich mich gern unterhielt, weil das, was er zu sagen hatte, gehaltvoll war und mich zum Denken anregte. Wir redeten oft über den Sinn des Lebens, über Ziele und Inhalte, aber auch darüber, welche Lehren er aus seinem Leben gezogen habe.

Er sagte, er sei früher auch einer von denen gewesen, die rastlos und getrieben an seine Karriere, das nächste, noch größere

Auto, die noch tollere Reise um die Welt, das Haus am Stadtrand usw. gedacht habe. Seine Krankheit und die damit verbundenen Einschränkungen hätten ihn zum Umdenken gezwungen und dazu, innezuhalten und Bestandsaufnahme zu machen. Er habe viel darüber nachdenken müssen, warum für ihn Karriere, Geld, Konsum und Ansehen so wichtig gewesen seien.

Irgendwann habe er erkannt, dass seine frühere Sinngebung eigentlich der Wunsch nach Anerkennung gewesen sei. Heute wisse er, dass materielle Dinge, Wohlstand und Ansehen kein Ersatz für das seien, was am Ende wirklich zähle:

Ich habe eine liebevolle, verständnisvolle Frau gehabt, das aber nicht entsprechend gewürdigt und geschätzt, weil ich ihre Existenz als selbstverständlich hingenommen habe. Gegeben habe ich meiner Frau nicht viel. Genau genommen habe ich sie oft emotional im Regen stehen lassen, was ich heute zutiefst bedauere. Ich habe ihr zu wenig gesagt, welch wunderbarer Mensch sie ist, wie sehr ich sie liebe und verehre. Überhaupt bin ich mit Gefühlen immer eher schaumgebremst umgegangen, weil ich so erzogen war. Das, was ich verinnerlicht hatte, bestand darin, Erfolg zu haben, viel Geld zu verdienen und sich alles leisten zu können, nach dem Motto: ‚Haste was, biste was.' Ein wichtiger Teil meines Lebens ist mir regelrecht vorenthalten worden, und ich fühle mich heute darum betrogen.

Ich habe erkannt, dass liebevolle, menschliche Zuwendung die einzige Antwort auf alle Fragen nach dem Sinn des Lebens ist, denn solange wir lieben und geliebt werden, können wir sterben, ohne fortzugehen, weil man dann in den Herzen der Menschen weiterlebt, denen man Gutes getan hat und die sich liebevoll erinnern. Ja, das ist das einzig Wichtige im Leben, die Summe der guten Taten, die Summe des Gelebten und Gegebenen!

Die Zeit, die ich Edmund begleiten durfte, offenbarte mir etwas Sonderbares. Je mehr er unter Einschränkungen zu leiden hatte, umso wacher wurde sein Geist und umso philosophischer wurden seine geäußerten Gedanken.

Es erschütterte mich, dass Edmund plötzlich an einer unvorhersehbaren Komplikation starb. Niemand hatte mit einem so schnellen Tod rechnen können.

Wer über lange Jahre Erfahrung in der Sterbebegleitung sammeln konnte, stellt fest, dass Menschen gern noch etwas abschließen, offene Rechnungen begleichen und Ordnung schaffen wollen in ihrem Leben. In dieser letzten Lebensphase verschieben sich häufig Werte: Statt Leistung, Macht und Sicherheit zählen am Lebensende Wohlwollen und der Wunsch nach Frieden mit sich selbst und denen, die ihnen nahestehen. Die nachlassende Lebenskraft, ein Image oder eine Rolle aufrechtzuerhalten, lässt so manche Maske fallen. Die Abwehrmechanismen fallen weg, und das verletzliche Wesen des Menschen mit seinen unverarbeiteten Lebenswunden wird sichtbar.

Ich selbst konnte in vielen Begleitungen immer wieder erleben, dass der Wille, Dinge zu regeln, Fehler zu korrigieren und dem eigenen Leben eine neue Richtung zu geben, in der letzten Phase oft so stark ist, dass sich Menschen noch grundlegend verändern. Manche werden kompromisslos und sagen endlich mal nein, wenn sie etwas nicht möchten.

Aber auch die wirklich schweren Fehler, die Vergehen und Unterlassungen, kommen manchmal unerbittlich zurück. Der Wunsch, darüber zu sprechen und sich so davon zu befreien, ist oft groß. Aber nicht alles lässt sich wiedergutmachen.

Bilanz zu ziehen ist am Ende des Lebens ein großes Thema, das auch bei der psychologischen Begleitung von Sterbenden eine Rolle spielt. Sterbende suchen inneren Frieden, Vergebung und Aussöhnung. Von ihnen kann man viel lernen, vor allem, dass das Leben wertvoll ist, bis zum Schluss.

6. Erlebnisse und Erfahrungen der letzten Tage und Stunden

Ich habe viele Menschen in ihrer letzten Lebensphase begleitet. Etliche von ihnen haben mir gesagt oder gezeigt, dass das Leben in Angesicht des Todes, trotz aller Belastung, eine besondere Qualität besitzt. Im Blick auf diese Menschen sehe ich eine Verpflichtung, das weiterzugeben, was ich von ihnen lernen durfte.

Als begrenzt erfahren Sterbende die Zeit, die ihnen noch bleibt. Indem Zeit eine begrenzte Einheit ist, wird sie besonders wertvoll, und wertvoll wird jeder Moment, den die Menschen nutzen und gestalten können.

Zeit bedeutet Leben und Möglichkeit zum Erleben. Viele Sterbende drängten auf den Besuch eines Freundes noch in derselben Woche. Sie drängten, weil es nächste Woche vielleicht schon zu spät dafür sein könnte. Ein Mann, der, den baldigen Tod vor Augen, noch einmal an die französische Atlantikküste reiste, schrieb in sein Tagebuch: „Das Meer. Etwas zum letzten Mal zu sehen ist fast so schön und überwältigend wie beim ersten Mal.“ Das Bewusstsein, dass die verbleibende Zeit begrenzt ist, steigert die Qualität und die Intensität des Erlebens. Ein Stück Genuss, ein Stück Glück, das in dieser Form nur der letzten Lebensphase eigen ist.

Oftmals ist die Unsicherheit der Zeit gegenüber aber auch belastend. Für den Sterbenden entstehen Fragen, z. B.:

- Wie viel Zeit bleibt mir noch? Wird es noch lange dauern?
- Muss ich noch lange leiden?

Sterben ist für einen Todkranken möglicherweise der härteste und beschwerlichste Teil seines Lebens, der einhergeht mit Leiden, Hilfsbedürftigkeit, Abhängigkeit und Einsamkeit. Er erlebt emotional eine Achterbahn seiner Gefühle, je nachdem, in welcher Sterbe- und Trauerphase er sich befindet.

Die Gefühlspalette Sterbender hat eine große Spannweite: Angst, Wut, Aggression, Hilflosigkeit, Apathie, Depression, Euphorie, Verzweiflung, Panik, Einsamkeit, Resignation, Kompromisslosigkeit, Sorge um Angehörige, Trauer über die ungelebten Anteile seines Lebens, das Bedürfnis, unerledigte Geschäfte ordnen zu müssen, Frieden.

Bei den Menschen, die ich begleitete, waren es häufig Angstträume, unter denen sie zu leiden hatten.

Sabine, 35:

Ich habe heute Nacht einen gruseligen Traum gehabt. Ich erlebte meine eigene Hinrichtung. Ich wurde auf einer Liege an Händen und Füßen gefesselt, und es erschien ein Vollstrecker. In Panik schrie ich: ‚Ich bin noch nicht dran, ich bin noch viel zu jung.' Schweißgebadet wachte ich auf.

Was Sabine in einem Angsttraum erlebt hat, ist die Vorwegnahme ihres unausweichlichen Endes. Träume vom Sterben und Tod erschrecken, denn sie erzeugen Panik, Trauer und Abschiedsschmerz. Wer wie Sabine an einer tödlichen Krankheit leidet, dem können Träume vom Tod auch dazu verhelfen, sich auf das Sterben vorzubereiten, diese Wahrheit zu verarbeiten, loszulassen und das unausweichliche Schicksal irgendwann zu akzeptieren.

Das Sterben alter Menschen, die ihr Leben vollendet haben, unterscheidet sich von dem junger Menschen erheblich. Sie können nach einem erfüllten Leben ihr Sterben eher akzeptieren als Menschen, die in jungen Jahren sterben müssen und lange gegen den Tod ankämpfen.

Der Altersforscher Andreas Kruse aus Heidelberg untersuchte sterbende, alte Menschen und fand heraus: Wie sie in ihrem bisherigen Leben mit Krisen umgegangen sind, so individuell ist auch die Art, Abschied vom Leben zu nehmen. Allgemein aber gilt, dass durch die Zeit der Krankheit und durch die Intensität des Leidens der Prozess des Loslassens gefördert wird. Nach anfänglichem Kampf gelangen viele Sterbende in einen Zustand, den Kampf aufzugeben, sich zu ergeben und sich nicht mehr an das Leben zu klammern, sondern ihr Schicksal anzunehmen. Erst wenn das Loslassen gelingt, sind plötzlich alle irdischen Probleme wie weggewischt.

Hilfreich ist es auch für Sterbende, wenn sie „freigegeben" werden von denen, die ihnen nahestehen, damit sie ihren Weg in das vor ihnen liegende, unbekannte Land friedlich und gelassen gehen können. Hilfreich ist auch, auf ein intensives, erfülltes Leben in Dankbarkeit und Freude zurückblicken zu können. Darüber hinaus fördert das Bewusstsein, dass ein Teil des eigenen Seins in den Kindern weiterlebt, die Bereitschaft zum Sterben.

Trotz körperlicher Einschränkungen und oft ausgeprägten Schlafbedürfnisses können die letzten Tage sehr erfüllend sein. Es gilt, die Wachphasen zu nutzen, Gespräche zu führen, die man sonst nicht führen würde, alles zu tun, was diesen Tag zum schönsten des Lebens machen könnte.

Vielfach konnte ich auch Veränderungen registrieren. So ist es nichts Ungewöhnliches, wenn sehr kontaktfreudige Menschen kurz vor ihrem Tod keinen Besuch mehr haben möchten oder auch keine Telefonate mehr führen möchten. Eine Patientin formulierte diese Wendung so: „Ich brauche alle meine Kraft, um den Tag durchzustehen."

Das Loslassen von unerfüllbaren Träumen

Das Loslassen von unerfüllbaren Träumen
und das Freigeben von Menschen,
an denen dein Herz hängt,
ist wohl das Schwerste, was es im Leben gibt.

Aber so, wie du nicht nur einatmen
und die Luft in dir behalten kannst,

sondern wieder ausatmen,
gleichsam freigeben musst, um leben zu können,
so kannst du dich neuen Begegnungen nur öffnen,
wenn du die Hoffnungen aufgeben kannst,
die sich verbraucht haben.

Denn alles hat seine Zeit,
einatmen und ausatmen,
halten und hergeben,
binden und lösen,
Abschied nehmen und neu beginnen.

Christa Spilling-Nöker, Das Loslassen von unerfüllbaren Träumen, aus: dies., Ich schenke dir ein gutes Wort. © 2002 Verlag am Eschbach der Schwabenverlag AG, www.verlag-am-eschbach.de; 2015 als Topos Band 1012 erschienen im Matthias Grünewald Verlag, Ostfildern

7. Die Finalphase

Angehörige sind unsicher und unerfahren im Umgang mit schwerer Krankheit, die zum Tode führt, denn die meisten Menschen sterben nicht mehr wie in früheren Zeiten zu Hause, sondern in Krankenhäusern, Altenpflegeheimen und Hospizen. Umso wichtiger ist es für Angehörige zu erkennen, wann die letzte Lebensphase beginnt und welche Veränderungen des Sterbenden auf ein baldiges Lebensende hinweisen können. Dabei gilt es zu beachten, dass es *psychische* und *körperliche Veränderungen* gibt, die die Finalphase begleiten.

Psychische Anzeichen des Sterbeprozesses

Die Sterbeforscherin Elisabeth Kübler-Ross hat den *psychologischen Sterbeprozess* in fünf Phasen unterteilt. Diese werden jedoch nicht als aufeinander folgende Stufen gesehen; der Sterbende kann auch mehrfach zwischen den einzelnen Phasen wechseln.

Leugnen: Der Kranke will die Tatsache, dass er nicht mehr lange zu leben hat, nicht wahrhaben. Er verdrängt die Nachricht, unterstellt eine Verwechslung, hofft noch auf Rettung.

Aggression: Der Kranke begehrt gegen sein Schicksal auf, empfindet Zorn auf Gott, auf die Ärzte, auf alle, die weiterleben dürfen. Das kann sich auch in Aggressionen gegenüber den Angehörigen entladen.

Verhandeln: Der Kranke versucht, mit dem Schicksal zu verhandeln, legt Versprechen ab, für den Fall, dass er noch eine Weile weiterleben darf.

Depression: Der Kranke verliert die letzte Hoffnung. Er nimmt Abschied vom Leben, von Träumen, Zielen und Menschen – von allem, was ihm lieb und teuer ist. Er trauert um die Möglichkeiten und Erfahrungen, die er im Laufe seines Lebens verpasst hat. Er bereut Fehler.

Akzeptanz: Im besten Fall nimmt der Betroffene sein Schicksal an und söhnt sich damit aus. In der Begleitung ist zu beobachten, dass es oft schon vor dem Tod einen Zeitpunkt gibt, an dem er seinen Frieden findet. Manchmal tritt diese Wandlung aber auch erst in den letzten Augenblicken des Lebens ein. Mühsame Kämpfe liegen hinter dem sterbenden Menschen und vermitteln einen Ausdruck von Harmonie und Frieden.

Körperliche Anzeichen des Sterbeprozesses

Auch körperlich verändern sich Menschen vor dem Tod. Der Prozess lässt sich ebenfalls in verschiedene Phasen einteilen:

Rehabilitationsphase: Die Krankheit schreitet zwar voran, der Kranke erholt sich aber unter Umständen von einem akuten Beschwerdebild und kann noch weitgehend ein selbstbestimmtes Leben führen. Diese Phase umfasst die letzten Wochen vor dem Tod.

Terminalphase: Die Kranken sind bettlägerig und werden zunehmend schwächer. Die Symptome nehmen zu. Diese Phase kann Monate bis Wochen vor dem Tod beginnen.

Finalphase: Diese Phase beschreibt den eigentlichen Sterbeprozess. Die Körperfunktionen erlöschen allmählich, das Bewusstsein des Sterbenden richtet sich nach innen. Der Tod tritt innerhalb von Stunden, maximal Tagen ein.

Die Sterbephase

Sterben ist ein Teil des Lebens und verläuft meist friedlich. In den letzten Tagen vor ihrem Tod ziehen sich die meisten Sterbenden in sich selbst zurück. Ihre Wahrnehmung ist nach innen gekehrt. Sie wirken erschöpft und schlafen viel. Die körperliche Energie schwindet. Es verstärkt sich das Bedürfnis nach Ruhe und Schlaf. Das Interesse an der Umwelt (Zeitung, Fernsehen, Besuche von Bekannten) lässt nach.

Manche Menschen scheinen im Halbschlaf oder Schlaf schon weit weg zu sein. Beim Erwachen sind sie desorientiert, erkennen die Umgebung nicht sofort, sprechen über Unbekannte oder Bekannte, die bereits verstorben sind. Die Augen blicken in weite Ferne, der Blick wirkt getrübt.

Auf keinen Fall sollte in dieser Phase versucht werden, den Sterbenden „aus dieser Welt" herauszureißen. Er fühlt sich aber gut aufgehoben, wenn Sie ihm zuhören und auf seine Vorstellungen einzugehen versuchen, auch wenn sie Ihnen sehr fremd erscheinen.

Die einsetzende Bewusstseinsveränderung (Eintrübung) kann dazu führen, dass das Erleben objektiv gesehen nicht mit dem aktuellen Geschehen übereinstimmt. Verhalten Sie sich als Angehöriger oder Begleiter weiter ganz normal und reden Sie so, als sei der Betroffene bei normalem, klarem Bewusstsein. In der Regel führt der Versuch, die Wahrnehmung des Sterbenden zu „berichtigen“, zu großer Unruhe, ohne einen Einfluss auf seine veränderte Wahrnehmungsfähigkeit zu haben.

Der Körper Sterbender fährt den Stoffwechsel herunter. Das hat zur Folge, dass bei den meisten Sterbenden das Bedürfnis zu essen oder zu trinken erlischt. Das ist ein natürlicher Prozess, der nicht mit Qualen verbunden ist. Sterbenden Flüssigkeit oder gar Nahrung aufzuzwingen verlängert ihren Sterbeprozess, belastet sie unnötig und stört das allmähliche Hinübergleiten in den Tod. In dieser Phase des Sterbens geht es vor allem darum, den Sterbeprozess zu erleichtern – beispielsweise Schmerzen und Atemnot zu lindern. In den meisten Situationen wird der Augenblick des Todes viel ruhiger erlebt, als zuvor befürchtet.

Nach und nach stellen die Organe ihre Funktion ein. Das geht mit einer Reihe charakteristischer Symptome einher. Für die Angehörigen ist es wichtig, diese zu kennen, um sie als Teil des natürlichen Sterbeprozesses akzeptieren zu können. Informieren Sie sich beim medizinischen Pflegepersonal oder bei den Ärzten über die verschiedenen Stadien des Sterbeprozesses, damit Sie angstfrei damit umgehen können.

Die Atmung: Die Atmung verändert sich im Sterbeprozess, sie wird flacher und unregelmäßiger. Manche Sterbende leiden unter Luftnot und entwickeln eine sogenannte Schnappatmung. Kurz vor dem Tod kommt es sehr häufig zum sogenannten „terminalen Rasseln“. Es entsteht, weil der Sterbende nicht mehr schlucken oder husten kann und sich daher Schleim in den Atemwegen sammelt. Für Angehörige ist das schwer zu ertragen. Die Belastung für den Patienten selbst ist aber – sofern er nicht unter erheblicher Luftnot leidet – weniger groß, als es von außen den Anschein hat.

Das Gesicht: Bei Menschen, die sterben, verändern sich Gesicht und Gesichtsausdruck. Augen und Wangen sinken ein, die Nase erscheint spitz. Kinn und Nasenspitze sind weißlich und kalt. Grund dafür ist die zunehmend schlechtere Durchblutung und das Erschlaffen der Muskulatur. Die Gesichtshaut ist fahl, vor allem um Lippen und Nase herum. Dieses sogenannte „Todesdreieck" gilt als typisches Zeichen des nahen Todes.

Gehirn und Nervensystem: Auch die Hirnfunktion lässt beim Sterben immer mehr nach. Die Wahrnehmung wird schlechter, das Bewusstsein trübt sich ein.

Unruhe: Manche Patienten werden in den letzten Stunden ihres Lebens von Unruhe befallen. Sie bewegen die Füße hin und her, Zupfen an der Bettdecke. Dies lässt sich mit Angst lösenden und beruhigenden Medikamenten lindern.

Hände und Füße: Das Blut zieht sich beim Sterben zunehmend aus den Extremitäten zurück. Hände und Füße werden daher kalt und verfärben sich bläulich. Manchmal sammelt es sich in der Haut von Füßen und Unterschenkeln und bildet dort dunkle Flecken.

Die inneren Organe: Verdauungstrakt, Nieren und Leber stellen beim Sterben allmählich ihre Funktion ein. Die damit einhergehende Vergiftung des Körpers durch Stoffwechselprodukte kann Schläfrigkeit und Bewusstseinstrübungen, aber auch Juckreiz, Übelkeit und Wassereinlagerungen zur Folge haben.

Das Herz: Der Herzschlag verlangsamt sich beim Sterben und wird unregelmäßig, der Blutdruck sinkt. Bleibt das Herz schließlich stehen, werden die Körperzellen nicht mehr mit Sauerstoff versorgt. Nach wenigen Minuten sterben die Hirnzellen ab – der Mensch ist tot.

Für die Angehörigen bedeutet der Zeitpunkt des Todes eine *emotionale Ausnahmesituation*: Die Trauer mischt sich mit der Erleichterung, dass es überstanden ist.

Auch wenn Sie nicht religiös sind, kann es Ihnen helfen, diesen Moment mit einer symbolischen Handlung zu begehen. Zünden Sie eine Kerze im Angedenken an den Verstorbenen an. Oder öffnen Sie ein Fenster, damit seine Seele „davonfliegen" kann.

Und meine Seele spannte
weit ihre Flügel aus,
flog durch die stillen Lande
als flöge sie nach Haus.

Joseph von Eichendorff

Stehst du erst ganz in gelb entfacht,
kann niemand neben dir bestehen,
weil aus dir selbst die Sonne lacht,
den Augen, die dein Antlitz sehen.
Und schließt du deine Blütenpracht,
wirst du doch weiterleben,
denn all deiner Liebe Macht
wirst du im Schweben geben,
wenn du mit Schirmen windwärts gleitest,
mit deiner Saat das Licht vermehrst,
und immer neues Glück verbreitest,
weil du den Sinn des Lebens lehrst.

Autor unbekannt

II. Liebevolle Begleitung durch Kommunikation

Wer Sterbende begleitet, sollte sich bewusst machen, dass Sterbende sich mit widerstreitenden Gefühlen wie Aggression, Depression, Verdrängung, Verleugnung, Widerstand, Abwehr, Illusion, Angst oder Verzweiflung auseinandersetzen müssen. Die Achterbahn der Gefühle zeigt sich auch in der Kommunikation, und das auszuhalten kann äußerst anstrengend und belastend sein. Die Aufgabe eines Begleiters besteht in dieser Situation darin, trotz evtl. auftretender Stimmungsschwankungen das mit auszuhalten und dem Sterbenden als „Klagemauer" zur Verfügung zu stehen.

Voraussetzung für eine gelingende Begleitung ist die Kommunikation im Grenzbereich zwischen Leben und Tod. Es erfordert Ehrlichkeit, Einfühlsamkeit und Mut, authentisch zu sein und sich auf das, was der Sterbende zu sagen hat, einzulassen oder auch seinen Wunsch zu respektieren, zu schweigen.

Die letzte Lebensphase zeigt oft auch Grenzen der Kommunikation, denn am Lebensende zwischen Normalität und Unsicherheit die richtigen Worte zu finden kann für Angehörige und Begleiter sehr herausfordernd und belastend sein.

Die Kommunikation mit Sterbenden ist verbal und nonverbal anspruchsvoll, weil sich die Kommunikation am Lebensende verändert. Häufig werden Botschaften nonverbal oder in Metaphern geäußert. Besonders dann gilt es, diese Symbolsprache behutsam zu entschlüsseln, um Missverständnisse zu verhindern und die Bedürfnisse Sterbender erfüllen zu können.

Es kann aber auch sein, dass das Bewusstsein durch Schmerzmedikamente stark beeinträchtigt ist und dadurch die Kommunikation so eingeschränkt ist, dass nur noch eine nonverbale Kommunikation möglich ist.

Grundsätzlich sollten Begleiter sich bewusst machen, dass die Kommunikation mit Schwerkranken und Sterbenden nie nach starren Regeln geführt werden kann und dass es für Gespräche am Lebensende keinen „Notfallkoffer" mit „Handwerkszeug" gibt. In der Begleitung Sterbender geht es um Intuition, es geht darum, zu erspüren, wen man vor sich hat und was derjenige möchte. Manchmal geht es nur darum, da zu sein, Zeit, Nähe und Zuwendung zu schenken und – mit auszuhalten.

1. Kernaufgabe in Begleitungen: Empathische Kommunikation

Der Umgang mit schwerstkranken und sterbenden Menschen erfordert von Angehörigen, Pflegekräften und Ehrenamtlichen ein hohes Maß an Einfühlungsvermögen (Empathie). Stellen Sie sich als Begleiter folgende Fragen:

- Was bedeutet Empathie für mich selbst?
- Welche Vorstellungen, Erlebnisse und Verhaltensweisen verbinde ich mit Empathie?
- In welchen Situationen erwarte ich, dass Menschen empathisch mit mir umgehen? Welche Signale sende ich aus?
- Wie geht es mir, wenn das empathische Verstehen ausbleibt und mich der andere einfach nicht verstehen kann?
- Was bedeutet es für mich, mich in einen anderen hineinzuversetzen?
- Über welche Mechanismen kann empathisches Verstehen signalisiert werden?

Empathische Kommunikation setzt eine wertschätzende Kommunikation voraus. Voraussetzung für eine empathische Kommunikation in einer Begleitung ist zunächst die „Selbst-Empathie“, durch die Sie mit sich selbst mitfühlend in Verbindung kommen. In der Selbst-Empathie gewinnen Sie Klarheit über Ihre authentischen Gefühle und Bedürfnisse und lernen, zu bitten anstatt zu fordern, für sich selbst zu sorgen, sich selbst liebevoll anzunehmen – was eine wichtige Voraussetzung dafür ist, um für einen anderen Menschen da zu sein.

Ohne Selbstempathie ist keine „Du-Empathie“ möglich. In der sogenannten Du-Empathie liegt der Schwerpunkt auf der Empathie für den anderen und darauf, uns frei von Ratschlägen und eigenem Wollen auf den Sterbenden einzulassen, ihm zuzuhören, für ihn da zu sein und ihn vorurteilsfrei zu begleiten.

Die nachfolgenden Tipps für eine gelingende, authentische Kommunikation gelten für jegliche Art von zwischenmenschlichen Beziehungen, wo sich zwei Menschen ganz offen und ohne Masken begegnen wollen. Erst daraus kann eine bereichernde und inspirierende Begegnung von Mensch zu Mensch, von Seele zu Seele, entstehen. Dieser Zustand der Authentizität bedeutet für Begleitungen, sich Sterbenden so, wie man sich gerade wirklich fühlt, zu zeigen, mit all seinen Ängsten, Unsicherheiten und Bedürfnissen – und nicht so, wie man sein möchte. Sich auf dieser Ebene mit einem Menschen auszutauschen halte ich persönlich immer wieder für eine unglaubliche Bereicherung und ein kostbares Geschenk.

Tipps für eine gelingende Kommunikation in der Begleitung Sterbender

- Voraussetzung für eine gelingende Kommunikation in der Begleitung sterbender Menschen ist Vertrauen, das dadurch entsteht, dass man zu sich und seinen Gefühlen steht, keine Rolle spielt, sondern selbst mit sich in Kontakt ist und vermittelt, was man spürt. Stimme, Stimmung, Körpersprache und Körperempfinden sind dann harmonisch aufeinander abgestimmt und erzeugen Vertrauen beim Gesprächspartner.
- Zeigen Sie ehrliches Interesse durch Aktives Zuhören! Aufrichtiges Zuhören hat viel mit Respekt und Wertschätzung für den anderen zu tun und natürlich mit Präsenz.
- Achten Sie auf ein Gleichgewicht im Gespräch, damit kein Monolog, sondern ein echter Austausch entsteht.
- Gehen Sie mit einer positiven Grundhaltung in ein Gespräch!

- Vermeiden Sie Bewertungen, Verallgemeinerungen und Vorurteile!
- Lassen Sie Ihren Gesprächspartner ausreden, auch wenn das viel Geduld erfordert. Darin zeigt sich ein respektvoller, wertschätzender Umgang.
- Lassen Sie Ihr Herz sprechen und senden Sie Signale des aktiven Zuhörens aus (ein ermutigendes Lächeln oder ein häufiges Ja während des Gesprächs). Mit solchen Signalen zeigen Sie Ihrem Gesprächspartner Aufmerksamkeit und Sympathie und – dass Sie ihm zuhören und ihm seinen Raum zum Erzählen lassen.
- Wenn Sie um Ihre Meinung gefragt werden, seien Sie ehrlich und sagen Sie, was Sie wirklich fühlen und meinen – oder dass Sie sich unfähig fühlen, ein Urteil abzugeben (s. u. S. 60)

2. Gespräche mit Sterbenden

Wir wissen, wie große Philosophen, Dichter und Denker starben. Sie haben der Nachwelt oft detailliert hinterlassen, was sie empfanden, was sie in ihren letzten Stunden bewegte.

Von *Goethe*, der es sein Leben lang vermieden hatte, Friedhöfe zu besuchen und in Kontakt mit Sterben und Tod zu kommen, ist Folgendes überliefert:

Der Tod ist doch etwas so Seltsames, dass man ihn, unerachtet aller Erfahrung, bei einem uns teuren Gegenstande nicht für möglich hält und er immer als etwas Unglaubliches und Unerwartetes eintritt. Er ist gewissermaßen eine Unmöglichkeit, die plötzlich zur Wirklichkeit wird.

Und dieser Übergang aus einer uns bekannten Existenz in eine andere, von der wir auch gar nichts wissen, ist etwas so Gewaltsames, dass es für die Zurückbleibenden nicht ohne die tiefste Erschütterung abgeht.[7]

Kaum etwas ist aufschlussreicher als das Zeugnis Sterbender.[8] Selbst Lügner bekennen dann die Wahrheit. Ein Blick auf das Sterbelager verrät oft mehr als all die großen Worte und Werke zu Lebzeiten. Im Augenblick, wo sich Menschen dem Tod gegenübersehen, verlieren viele ihre Masken und werden wahrhaftig. Mancher musste erkennen, dass er auf Sand gebaut, sich einer Illusion hingegeben hatte und einer großen Lüge gefolgt war. Aldous Huxley schreibt im Vorwort zu seinem Buch *Schöne Neue Welt*, dass man alle Dinge so beurteilen sollte, als sähe man sie vom Sterbelager aus. *Cesare Borgia*, ein Staatsmann: „Ich habe für alles Vorsorge getroffen im Laufe meines Lebens, nur nicht für den Tod, und jetzt muss ich völlig unvorbereitet sterben." *Heinrich Heine*, der große Spötter, änderte später seine Gesinnung. Im Nachwort zu seiner Gedichtsammlung *Romancero (3. 9. 1851)* schrieb er:

Wenn man auf dem Sterbebett liegt, wird man sehr empfindsam und möchte Frieden machen mit Gott und der „Welt" ... Gedichte, die nur halbwegs Anzüglichkeiten gegen Gott enthielten, habe ich mit ängstlichem Eifer den Flammen überliefert. Es ist besser, dass die Verse brennen als der Versemacher ... Ich bin zu Gott zurückgekehrt wie ein verlorener Sohn, nachdem ich lange bei den Hegelianern die Schweine gehütet habe ... In der Theologie muss ich mich des Rückschreitens beschuldigen, indem ich zu einem persönlichen Gott zurückkehrte.

Sir Thomas Scott, der frühere Präsident des englischen Oberhauses:

Bis zu diesem Augenblick dachte ich, es gäbe weder Gott noch Hölle. Jetzt weiß und fühle ich, dass es beides gibt, und ich bin dem Verderben ausgeliefert durch das gerechte Urteil des Allmächtigen.

Über das Ende von *Stalin* sagte seine Tochter Swetlana Allilujewa, die im März 1953 zu dem sterbenden Diktator auf seine Datscha in Kunzewo gerufen wurde: „Vater starb schrecklich und schwer. Gott gibt den Gerechten einen leichten Tod.“ *Winston Churchill*: „Welch ein Narr bin ich gewesen!“ *Jean-Paul Sartre*: „Ich bin gescheitert.“ Was aber denkt – im Gegensatz zu den angeführten Zitaten – die Verkäuferin im Supermarkt, was der Kfz-Mechaniker, wie betrachten ganz gewöhnliche Menschen ihr Leben, wenn sie im Sterben liegen?

Sind es Antworten auf die großen Fragen des Lebens, die sie eventuell gefunden haben und hinterlassen könnten? Oder sind es Banalitäten? Was ist wichtig, ganz am Ende? Ist es möglicherweise das Gleiche, das immer schon wichtig war – oder etwas ganz anderes? Und woran erinnert sich jemand dann, wenn das Leben zu Ende geht?

Die Sterbeforscherin Elisabeth Kübler-Ross hat zahlreiche Interviews mit Sterbenden[9] geführt und dabei festgestellt, dass Sterbende oft erfahren müssen, dass ihre Situation beim Gesprächspartner Angst und Schrecken auslöse, eine Art von Betroffenheit, die ein aufrichtiges und gutes Gespräch erschwere und einsam mache. Das, was verbindend sein könnte, könne nicht zum Tragen kommen. Die unterschiedliche Betroffenheit beider Gesprächspartner schaffe Distanz statt Gemeinsamkeit und führe in vielen Fällen zu einer Polarisierung der Meinungen und Einstellungen, zu Strategien des Verdrängens, Vertuschens – bis hin zur Lüge.

Wenn wir an Gespräche mit kranken oder sterbenden Menschen denken, so sind es zum einen die Angehörigen und engsten Freunde, die als Gesprächspartner infrage kommen, zum anderen professionelle und ehrenamtliche Begleiter. Angehörige und enge Freunde befinden sich selbst in einer Ausnahmesituation, sie durchleben und durchleiden den Prozess des Abschiednehmens und der Trauer. Die eigene Betroffenheit macht sie oft unfähig, auf die Bedürfnisse der Kranken und Sterbenden adäquat einzugehen, Gespräche bleiben an der Oberfläche, stocken, versickern oder decken Wesentliches zu.

Offene und ehrliche Gespräche, in denen nichts ausgeklammert wird, sind selten und bedürfen einer großen inneren Kraft und Stärke. Oft aber ist die Unterstützung professioneller oder ehrenamtlicher Begleiter hilfreich, um die seelische Lage des Patienten entscheidend zu verbessern.

Der Wunsch nach Offenheit aufseiten des Sterbenden steht der Belastung des Begleiters gegenüber. Begleitern kann es vielleicht helfen, wenn sie sich Folgendes bewusst machen:

- Sterbende brauchen und suchen das Gespräch. Das kann bei Begleitern Ängste auslösen, verbunden mit dem Wunsch nach Regeln oder Rezepten für ein solches Gespräch. Das einfachste Rezept lautet: Einfach da sein!
- Die Gesprächstechnik der Wahl ist das aktive Zuhören. Viele Sterbende möchten über ihren bevorstehenden Tod sprechen, scheuen sich lediglich davor, weil sie spüren, dass die Personen in ihrer Umgebung unsicher sind und selbst Angst haben, über dieses Thema zu reden.
- Einfühlendes Verstehen kann Sterbenden helfen, den bevorstehenden Tod mental zu verarbeiten.
- Die Sprache der Sterbenden ist oft aber nicht eindeutig und daher schwer zu verstehen. Es kann vorkommen, dass Sterbende Wünsche äußern oder von Gegebenheiten sprechen, die für Außenstehende nicht nachvollziehbar sind.

Silvana, 49, ehrenamtliche Sterbebegleiterin im ambulanten Hospiz:

Ich habe eine Frau, im ähnlichen Alter, in dem ich mich selbst befinde, begleitet, mit ihr Gespräche mit Tiefgang geführt und war verblüfft, was sie mir zu sagen hatte. Es ging u. a. auch um die Frage, wie das Leben sei, wenn man nicht mehr lange zu leben habe. Ein Hauptaspekt war eigentlich, dass sie mir vermittelt hat: „Du lebst nur einmal, mach' was draus." Leicht war diese Begegnung nicht, aber bereichernd.

Agnes, 65:

Als ehrenamtliche Mitarbeiterin in der Hospizarbeit habe ich das gelernt, was für Menschen in ihrer letzten Lebensphase wichtig ist, zuhören, d. h., aufmerksam und ganz gegenwärtig zu sein. Ich lasse mich ein, höre zu, ohne mir vorher in Gedanken zurechtzulegen, was ich dem Sterbenden sagen könnte. Im Gespräch mit Todkranken oder Sterbenden begleite ich Sterbende aus dem Leben. Dieser Weg besteht aus vielen kleinen Schritten. Das Wichtigste dabei ist, dass der Kranke sich aussprechen kann.

Ich habe gelernt, dass es für Sterbende tröstlich ist, über alles offen reden zu können, was sonst unausgesprochen bleibt, wenn die Wahrheit wahr sein darf und jemand bereit ist, sie anzuhören, ohne sie abzustreiten, kleinzureden oder zu widersprechen. Das gewohnte So-tun-als-ob kann dann beendet werden und der wirkliche Mensch zum Vorschein kommen, so wie er jetzt ist, auch mit seinen Wünschen. Vielfach ist nur noch die nonverbale Kommunikation in Form von Gesten der Zuwendung im Umgang mit Sterbenden möglich. Aktives Zuhören und verstehendes Schweigen gewinnen in der Begleitung dann besondere Bedeutung. Je enger das Verhältnis zwischen dem Sterbenden und mir während der letzten Lebensphase war, umso eher war es möglich, in Form der „schweigenden Übereinstimmung" miteinander kommunizieren zu können.

Die meisten Sterbenden, soweit sie bei Bewusstsein sind, haben ein großes Bedürfnis nach einem ehrlichen Gespräch. Ein Todkranker sollte die Möglichkeit haben, über alles zu sprechen, was ihm wichtig ist und ihn bewegt. Ein Sterbebegleiter muss empathisch zuhören und offen Anteil nehmen können und sollte schwierigen und belastenden Themen nicht ausweichen.

Spätestens wenn der Tod nahe ist, versuchen die meisten Menschen, mit sich ins Reine zu kommen. Dabei können die unterschiedlichsten Emotionen aufbrechen. Wenn ein Mensch zum Beispiel mit seinem vergangenen Leben hadert oder gegen den Tod ankämpft, sollte man als Angehöriger oder Begleiter darauf gefasst sein, phasenweise mit Aggressionen konfrontiert zu werden. Sie entstehen aus Angst, Verzweiflung und Hilflosigkeit. Wichtig ist, solche Reaktionen nicht persönlich zu nehmen, sondern diesen Emotionen mit Gelassenheit zu begegnen.

Die meisten Sterbenden spüren den nahen Tod. Solche Vorahnungen sollten ernst genommen und nicht ausgeredet werden. Wichtiger Inhalt der Gespräche mit Sterbenden ist nicht nur die Vergangenheit, sondern auch die Zukunft: Wie geht das Leben der Angehörigen nach dem Tod weiter, was wünscht sich der Sterbende für seine Lieben, wie stellt er sich das zukünftige Leben derer, die er verlässt, vor?

Genauso wichtig wie Gespräche ist der nonverbale Austausch. Sterbende brauchen Zärtlichkeit und Wärme. Wenn das Bewusstsein schwindet, werden sanfte Berührungen zum einzigen Mittel der Verständigung. Verwirrte oder bewusstlose Menschen spüren die Wärme und Nähe ihrer Angehörigen, genießen es, wenn sie liebevoll gestreichelt werden und ihnen jemand die Hand hält. In der letzten Phase vor dem Tod sind eine ruhige Ausstrahlung und die Konzentration auf einen „inneren Dialog“ mit dem Sterbenden der wertvollste Beistand.

Fazit: Aktives Zuhören, verstehendes Schweigen und auf keinen Fall widersprechen haben in der Begleitung Sterbender eine besondere Bedeutung. Vielfach ist nur noch die nonverbale Kommunikation in Form von Gesten der Zuwendung im Umgang mit Sterbenden möglich. Je enger sich das Verhältnis zwischen Sterbendem und Begleiter in dieser letzten Lebensphase gestaltet, umso mehr werden beide in Form der „schweigenden Übereinstimmung“ kommunizieren können.

3. Vom schwierigen Umgang mit der Wahrheit am Krankenbett

Ehrliche und wahrhaftige Gespräche am Krankenbett sind schwierig, weil sie von unterschiedlichen Positionen aus geführt werden. Es sind Gespräche zwischen jemandem, der weiß, dass seine Zeit bald abläuft, und einem, der noch eine unbestimmte Zeit vor sich hat. Es existiert kein Gleichstand mehr, sondern ein Ungleichgewicht, weil sich bei denen, die sich mit ihrem Lebensende auseinandersetzen müssen, Wertigkeiten verschieben und weil diejenigen, die sich noch nicht im Sterbeprozess befinden, die Gefühle eines Menschen in seiner letzten Lebensphase nicht nachvollziehen können. Deshalb zieht sich der Sterbende oft in sich selbst zurück. Auf diese Weise bricht ein Gespräch nicht erst mit dem Tod ab, sondern schon vorher.

Für diejenigen, die einem Sterbenden besonders nahestehen, ist es sehr schwer, schonungslos ehrlich zu sein. Man möchte den Sterbenden schonen, ihm die Wahrheit über seinen Zustand und seine Prognose nicht zumuten. Das führt nicht selten zum heiklen Umgang mit der Wahrheit.

Eine solche Situation haben wir selbst in unserer Nachbarschaft erlebt. Unser Nachbar war an Lungenkrebs erkrankt und als „austherapiert" aus dem Krankenhaus nach Hause entlassen worden. Mein Mann und ich besuchten ihn regelmäßig. Bei einem dieser Besuche fragte er meinen Mann: „Klaus, was glaubst du, wird das noch mal was mit mir?" Mein Mann fühlte sich von dieser direkten Frage überrumpelt und reagierte unsicher reflexhaft, wie fast alle es tun: „Manfred, das wird schon wieder!" Er wollte Manfred schonen, spürte aber, dass der ihm das nicht abnahm, weil er ja selbst am besten spürte, dass es mit ihm in jeder Beziehung abwärts ging. Wenige Tage später verstarb Manfred.

Bei unzähligen Befragungen schwerkranker Patienten hat sich herausgestellt, dass eine überragende Mehrheit es vorziehen würde, die Wahrheit über ihr Leben und ihre Chancen mitgeteilt zu bekommen. Und dennoch zeigt sich immer wieder, wie schwer es ist, mit dieser Wahrheit umzugehen. Max Frisch benutzte für den heilsamen Umgang mit der Wahrheit folgende Metapher:

Man soll dem anderen die Wahrheit hinhalten wie einen Mantel, in den er hineinschlüpfen kann, wenn er will – und sie ihm nicht wie einen nassen Fetzen um die Ohren schlagen.

Das bedeutet, viel Fingerspitzengefühl und viel Verständnis dafür zu haben, dass der hingehaltene Mantel vielleicht ein paar Nummern zu groß oder zu klein sein könnte. Dann gilt es, sich auf die Suche nach einem passenden Mantel zu machen. Es gilt, in Gesprächen herauszufinden, wie dieser Mantel beschaffen sein sollte, damit er akzeptiert werden kann.

Um bei dieser Metapher zu bleiben: Es gibt nicht *den* Mantel, es gibt so viele Mäntel, wie es Sterbende gibt, denen man die Wahrheit über ihren körperlichen oder seelischen Zustand mitteilen muss. Es kommt darauf an, im Gespräch herauszufinden, wie viel Wahrheit dem Sterbenden zumutbar ist, ohne ihm die Hoffnung zu nehmen.

Bei Angehörigen, die einem Sterbenden besonders nahestehen, spielt beim Umgang mit der Wahrheit die gemeinsame Lebens- und Lerngeschichte eine große Rolle – und wie sie bisher mit der Wahrheit umgegangen sind. Viele Sterbende stellen sich die Frage: „Wie viel kann meine Familie verkraften, was kann ich meiner Frau, meinen Kindern zumuten?“ Umgekehrt fragen sich Angehörige oft: „Kann ich das meinem Mann zumuten? Wird er diese Wahrheit verkraften?“

Grundsätzlich kann man davon ausgehen, dass Sterbende im Grunde über ihren Zustand Bescheid wissen. Ihr Körpergefühl sagt ihnen, dass etwas mit ihnen geschieht, das nicht aufzuhalten ist.

Der Umgang mit der Wahrheit ist in der Begleitung Schwerkranker und Sterbender ein heikles Thema. Lügen haben am Sterbebett keinen Platz mehr, weil sie Sterbenden ihre Würde, ihre Achtung sowie die Chance nehmen, sich bewusst und in Würde von denen zu verabschieden, die sie lieben und die ihnen nahestehen.

Reichspräsident Hindenburg fragte seinen Leibarzt Prof. Sauerbruch: „Sagen Sie mir die Wahrheit, Sauerbruch. Ist der Tod schon im Zimmer?" „Nein", erwiderte er behutsam, „noch nicht, Exzellenz, aber er schleicht schon ums Haus, der Tod, und er will über die Schwelle." „Wie lange noch?", flüsterte Hindenburg. „Nicht Tage", sprach der Arzt, „Stunden."

Hindenburg und Sauerbruch bedienten sich einer Metapher, um die Todesnähe indirekt, durch Bilder, auszudrücken.

Ähnliche Fragen werden auch in der Sterbebegleitung gestellt. Obwohl Sterbende die Schwere ihrer Erkrankung spüren und das, was in ihnen vorgeht, fragen sie: „Was glauben Sie, wie steht es um mich?"

Hat der Sterbende keine Hoffnung mehr, gesund zu werden, richtet er sich auf ein Leben nach dem Tod ein oder besinnt sich auf das, was in seinem Leben für ihn wesentlich war. Das sind vielleicht die Kinder, in denen er sich weiterleben sieht, ein Lebenswerk, das ihn überdauert, ein angelegter Garten, dessen Bäume und Blumen nach seinem Tod blühen und Früchte tragen werden, wie es nachfolgende Ballade Theodor Fontanes zeigt[10]:

Herr von Ribbeck auf Ribbeck im Havelland
Ein Birnbaum in seinem Garten stand,
Und kam die goldene Herbsteszeit,
Und die Birnen leuchteten weit und breit,
Da stopfte, wenn's Mittag vom Turme scholl,
Der von Ribbeck sich beide Taschen voll,
Und kam in Pantinen ein Junge daher,
So rief er: „Junge, wist' ne Beer?"
Und kam ein Mädel, so rief er: „Lütt Dirn,
Kumm man röwer, ick hebb' ne Birn."
So ging es viel Jahre, bis lobesam
Der von Ribbeck auf Ribbeck zu sterben kam.

Er fühlte sein Ende. 's war Herbsteszeit,
Wieder lachten die Birnen weit und breit,
Da sagte von Ribbeck: „Ich scheide nun ab
Legt mir eine Birne mit in's Grab."
Und drei Tage drauf, aus dem Doppeldachhaus,
Trugen von Ribbeck sie hinaus,
Alle Bauern und Büdner, mit Feiergesicht
Sangen „Jesus meine Zuversicht"
Und die Kinder klagten, das Herze schwer,
„He is dod nu. Wer giwt uns nu 'ne Beer?"
So klagten die Kinder. Das war nicht recht,
Ach, sie kannten den alten Ribbeck schlecht,
Der neue freilich, der knausert und spart,
Hält Park und Birnbaum strenge verwahrt,
Aber der alte, vorahnend schon
Und voll Misstraun gegen den eigenen Sohn,
Der wusste genau, was damals er tat,
Als um eine Birn' in's Grab er bat,
Und im dritten Jahr, aus dem stillen Haus
Ein Birnbaumsprössling sprosst heraus.
Und die Jahre gehen wohl auf und ab,
Längst wölbt sich ein Birnbaum über dem Grab,
Und in der goldenen Herbsteszeit
Leuchtet's wieder weit und breit.
Und kommt ein Jung' über'n Kirchhof her,
So flüstert's im Baume: „wiste ne Beer?"
Und kommt ein Mädel, so flüstert's: „Lütt Dirn,
Kumm man röwer, ick gew' di 'ne Birn."
So spendet Segen noch immer die Hand
Des von Ribbeck auf Ribbeck im Havelland.

4. Achtsamer Umgang mit Lebenswunden

Die Seele eines Sterbenden ist für den Begleiter oft so etwas wie eine „Black Box". Begleiter wissen nichts darüber, welche seelischen Verletzungen, die als unsichtbare Lebenswunden oder „wunde Punkte" das Leben eines Sterbenden überschattet haben, auch am Lebensende noch eine Rolle spielen können. Deshalb ist Achtsamkeit gefragt.

In der Tat stößt man bei Begleitungen häufig auf unverarbeitete seelische Prozesse, die als seelischer „Sondermüll" ihr Lebensende belasten.

Sehr häufig ist bei Sterbenden, die als Kind den Krieg erlebten und die z. B. auf der Flucht von ihren Eltern getrennt wurden, zu beobachten, dass sie diese Lebenswunde nie verarbeitet haben und deshalb ein durch ein *Trennungstrauma* verursachter *Verlustschmerz* zurückgeblieben ist. Andere Sterbende haben es nie verkraftet, dass ihre Eltern früh verstorben sind, sich scheiden ließen oder dass sie selbst von ihrem Partner verlassen wurden.

Jeder Mensch macht im Laufe seines Lebens Erfahrungen, die schmerzhaft sind, die Enttäuschungen mit sich bringen oder Verlust bedeuten.

Die Möglichkeiten, auf diese Lebenssituationen zu reagieren, sind unterschiedlich, doch gemeinsam ist allen Reaktionsweisen das Grundgefühl der *Trauer*. Weil Trauer aber in unserer Gesellschaft negativ besetzt ist, wird sie abgelehnt und so gut wie möglich getarnt. Sie ist aber trotzdem vorhanden und wirkt häufig über das Unterbewusstsein, z. B. über Träume. Oft kommt die nicht zugelassene Trauer dann in anderer Form zurück: Sie kann sich in Wut verwandeln, in Aggressionen, in Schweigen oder Depression und sich sogar in körperlichen Beschwerden ausdrücken.

Ich habe oft beobachten können, dass der unsichtbare seelische Schmerz Sterbender, ihr seelisches Leid, oft als noch schlimmer empfunden wurde als die zum Tode führende körperliche Erkrankung.

Die Folge davon ist, dass diejenigen, die mit ihrem seelischen Schmerz allein gelassen werden, durch ihren eindimensionalen Blickwinkel oft in Selbstrechtfertigung, Selbstgerechtigkeit, in die Opferrolle und später in eine chronische Verbitterungsstörung oder in eine Depression geraten.

Oft sind es Einsamkeit und Isolation, die Schwerstkranken und Sterbenden zusetzen. Eine unheilbare Krankheit macht einsam und grenzt aus, weil sich immer mehr Menschen aus dem Umfeld eines Sterbenden aus Unfähigkeit, damit umgehen zu können, zurückziehen. Das schmerzt und lässt Sterbende sich wie „Aussätzige" fühlen.

Für Begleiter ist es wichtig zu wissen, dass es bei vielen Sterbenden noch unverarbeitete seelische Wunden gibt, die jederzeit durch nichtige Anlässe aktiviert und dann unkontrolliert aufbrechen können und zu heftigen Reaktionen führen können. Um das zu vermeiden, ist Empathie und ein behutsamer, sensibler Umgang mit unsichtbaren Lebenswunden erforderlich.

Es gilt, als Begleiter Grenzen des Machbaren zu erkennen sowie achtsam und respektvoll mit ungelösten Konflikten am Lebensende umzugehen und zu akzeptieren, dass nicht jeder Konflikt zu lösen und dies auch nicht die Aufgabe des Begleiters ist. Achtsamer Umgang mit Konflikten bedeutet dann, Empathie für das Leid des Sterbenden zu zeigen, ihn zu trösten, ihm beizustehen, dabei aber nicht zur Partei zu werden und sich nicht vereinnahmen zu lassen. Es geht auch um Achtsamkeit sich selbst gegenüber, um eigene Ressourcen zu schützen.

5. Sprachlosigkeit am Sterbebett

Manchmal kann es durch erkrankungsbedingte aber auch medikamentenbedingte Einschränkungen vorkommen, dass Kommunikation mit Sterbenden nur noch über Körpersprache (Körperhaltung, Mimik, Gestik, Handbewegung oder Händedruck) möglich ist.

Die Sprachlosigkeit am Sterbebett kann aber auch von Angehörigen, Pflegekräften und Begleitern ausgehen. Häufig ist zu beobachten, dass Pflegepersonal und Angehörige am Sterbebett sehr verunsichert sind. Die „Verschwörung des Schweigens" führt aufseiten aller Beteiligten zu großer Unsicherheit und verhindert jede echte, tiefe Kommunikation.

Es ist Sterbenden nicht immer möglich, ihre Gefühle mit anderen zu teilen, und es ist sogar gut möglich, dass das Koma, das manchmal dem Tod vorausgeht, in gewissem Sinn ein letzter Ausweg aus dem emotionalen Leiden der Sprachlosigkeit ist. Vielleicht ist es für manchen Sterbenden eine Art Zuflucht. Das Leben ist zwar noch immer da, aber der Sterbende hat sich in die innersten Schichten seines Seins zurückgezogen. Vielleicht ist es eine Art, der Umgebung Zeit zu geben, sich vorzubereiten, den Abschied zu akzeptieren.

Angehörige und Begleiter sollten es respektieren, wenn ein Sterbender sich in sich selbst zurückzieht, nicht mehr reden möchte oder kann.

Die Angst, die mit dem endgültigen Abschied verbunden ist, belastet oft die Atmosphäre und macht sprachlos. Aber auch Schweigen ist Kommunikation und vermittelt Botschaften.

Ein Beispiel:

Hans, 75, ist im finalen Stadium seiner Krebserkrankung ins Hospiz gekommen. Zu seiner Ehefrau hat er eine eher distanzierte Beziehung und hat ihr auch gesagt, dass er keinen Besuch wünsche. Seine Frau kommt aber trotzdem täglich, weil sie es für ihre Pflicht hält, ihren Ehemann zu besuchen und sich um ihn zu kümmern. Hans spricht nicht mit seiner Frau, die ihrerseits unterstellt, dass ihr Mann infolge des Fortschreitens seiner Erkrankung nicht mehr sprechen könne. Später erfährt die Ehefrau vom Pflegepersonal, dass ihr Mann sich mit ihnen regelmäßig unterhält. Erst dadurch erkennt die Ehefrau, dass ihr Mann mit ihr nicht sprechen will, und ist gekränkt.

Was zeigt das Beispiel? Wenn ich solche Szenen beobachtete, breitete sich in mir Mitleid aus, und zwar einerseits für Hans, der sich offenbar sehr einsam fühlte, andererseits für seine Ehefrau, die sich sehr um ihren Mann bemühte, sich aber durch das Schweigen ihres Ehemannes zurückgewiesen fühlte. Bei allem Mitgefühl für beide Seiten sollte man sich als Außenstehender hüten, etwas zu bewerten, was man vom Innenverhältnis her nicht beurteilen kann.

Als Begleiter wird man häufig mit einer Situation konfrontiert, ohne etwas über die Qualität der Ehe vor der Erkrankung zu wissen. Begleiter wissen nichts darüber, wie die Beziehung des Paares in gesunden Tagen war und welche unverarbeiteten Kränkungen möglicherweise zu einem bestimmten Verhalten geführt haben.

Ein anderes Beispiel mit einer zusätzlichen Verschärfung:

Eine Tochter, die ihre Mutter bisher liebevoll in deren Haus gepflegt hatte, diese aber aufgrund eigener Überforderung ins Hospiz einlieferte, kümmerte sich nach wie vor um sie, kam täglich und versuchte, ihrer Mutter jeden Wunsch zu erfüllen. Um nicht mit ihr sprechen zu müssen, stellte sich die Mutter oft schlafend oder drehte sich zur Seite und damit ihrer Tochter den Rücken zu.

Auch in diesem Beispiel wird Schweigen zur „Bestrafung" eingesetzt. Darüber hinaus machte die Mutter ihrer Tochter durch ihre Körpersprache klar, dass sie ihr übel nahm, gegen ihren eigenen Willen ins Hospiz eingeliefert worden zu sein.

Beide Beispiele zeigen, dass Schweigen auf keinen Fall die Abwesenheit von Kommunikation bedeutet, denn spätestens da, wo der Schweigende mit seiner Wortlosigkeit eine Absicht verfolgt, handelt es sich um „aggressives Schweigen". Immer aber beeinflusst das Schweigen die Beziehungsebene, weil sie sich auf die gegenseitige Wahrnehmung auswirkt.

Martin, 69:

Meine erste Sterbebegleitung war bei einem Mann im Alter meines Vaters. Was mich erst einmal überfordert hat, war, dass er mich zwar bei sich haben wollte, aber so gut wie nie gesprochen hat. Auf meine Fragen folgte Stille. Manchmal hielt ich seine Hand. Ich habe ihn etwa fünfzehn bis zwanzig Mal getroffen, Woche für Woche Schweigen. Für mich eine Herausforderung. Ihm hat es gereicht, dass jemand da war. Er hatte niemanden, war sein ganzes Leben allein. Das war dann so in Ordnung.

Ich habe gelernt, dass der Sterbende entscheidet, was er möchte, und Begleiter haben sich danach zu richten. Wenn er die Zeitung vorgelesen haben wollte, dann habe ich ihm diesen Wunsch erfüllt, und wenn er nur meine Anwesenheit wünschte und schwieg, fand ich das irgendwann auch in Ordnung. Ich habe den Mann, den ich begleitete, jedes Mal gefragt, ob ich wiederkommen solle. Er hat dann immer gelächelt und gesagt: „Ja, gern."

Nachdem er verstorben war, habe ich auch an seiner Beerdigung teilgenommen. Das gehört für mich dazu, und ich empfinde es als eine Art Abschluss.

Wenn ich mit anderen Menschen über die Arbeit als Hospizhelfer rede, höre ich häufig: „Ich könnte das nicht." Aber ich stelle es mir viel schwieriger vor, als Chirurg zu arbeiten oder als Feuerwehrmann, der zu Unfällen kommt, bei denen Menschen schwer verletzt worden sind. Ich beobachte ehrfürchtig, wie andere Menschen mit dem Tod umgehen.

Es gibt leider nur wenige Männer, die sich als Hospizhelfer engagieren. Dabei bräuchte man die dringend. Männer werden meiner Erfahrung nach lieber von Männern begleitet.

6. Unterstützung bei der späten Versöhnung am Sterbebett

Oft spielt am Lebensende die Frage nach Schuld und Vergebung eine bedeutsame Rolle. Für ein friedliches Sterben ist es meist sehr wichtig, seine „Angelegenheiten" zu regeln, „offene Rechnungen" zu begleichen oder in manchen Angelegenheiten und Beziehungen „reinen Tisch" zu machen.

Der Wunsch nach einer späten Versöhnung besteht beim Sterbenden, aber auch bei seinen Angehörigen. Kurz vor dem Tod gibt es noch einmal die Chance, alte Verletzungen und eigenes Versagen zur Sprache zu bringen. Wenn beide Seiten das ernsthaft wollen, ist am Ende noch eine „späte Versöhnung" möglich. Erzwingen kann man eine Versöhnung aber nicht, schon deshalb nicht, weil zu einer Versöhnung die Bereitschaft zweier Parteien notwendig ist. Verzeihen kann aber jeder unabhängig vom anderen, denn es ist eine freiwillige Leistung, sich von Ballast zu befreien. Vergessen ist die erlittene Kränkung damit aber nicht.

Beim Verzeihen gibt man den Anspruch auf Rache und Genugtuung auf. Man nimmt dem anderen sein schuldhaftes Verhalten nicht mehr übel, spürt keinen Groll mehr, indem man sich sagt: „Das, was einst zur Verletzung führte, ist vorbei, ich will meinen Frieden finden."

Versöhnung ist harte Arbeit, die hohe Anforderungen an Menschen stellt. Voraussetzung für eine Versöhnung ist die Bereitschaft, sich selbst zu hinterfragen, um zur Einsicht zu kommen, dass es bei Konflikten nie nur einen Schuldigen geben kann. Zu einer solchen Selbsterkenntnis zu kommen ist nicht einfach. Manchmal aber gelingt es, Sterbende darin zu unterstützen, eine Versöhnung mit denen, die ihnen nahestehen, am Sterbebett zu ermöglichen. Oft aber ist zu beobachten, dass ein Sterbender weder Zeit noch Kraft dazu hat oder damit überfordert ist, etwas können zu sollen, was ihm sein Leben lang nicht möglich war. Dann sollte man es einfach gut sein lassen, d. h., es so, wie es ist, stehen lassen. Gut sein lassen bedeutet dann, nicht zu erwarten, dass andere sich entschuldigen.

Warum ist eine späte Versöhnung wichtig? Sie bringt dem Sterbenden in jedem Fall eine Erleichterung, vielleicht sogar eine Erlösung von seinen Seelenqualen. Jeder wird sich bestimmt an Situationen aus der Kindheit erinnern, als ihm ein Stein vom Herzen fiel und er erleichtert war, wenn wieder alles gut war. Eigentlich geht es einem auch noch als Erwachsener so. Man fühlt sich beruhigt, einfach wieder gut.

Meine Erfahrung ist, dass es Menschen gibt, die versöhnlicher sind als andere, die Kränkungen und Verletzungen abstreifen können, statt nachtragend zu sein. Vielleicht sind solche Menschen mit mehr seelischer Widerstandskraft (Resilienz) ausgestattet. Vielleicht sehen solche Menschen sich nicht als Opfer, sondern als Gestalter und sind in der Lage, gut für ihre eigene Seelenhygiene zu sorgen. Vielleicht aber orientieren sie sich auch an positiven Vorbildern.

Unabhängig davon, ob es leicht oder schwer fällt, Frieden zu schließen, gibt es Situationen, die Versöhnung erschweren, z. B., wenn Vernachlässigung, Gewalt oder Missbrauch zum Kontaktabbruch führten, aber auch, wenn der andere uneinsichtig ist, sich nach wie vor im Recht fühlt und kein Bedauern zeigt. Es kann sogar Phasen geben, in denen es gut sein kann, unversöhnlich zu sein, weil es dann um Selbstschutz geht. Wer auf Unversöhnlichkeit auf immer und ewig beharrt, bleibt in der Vergangenheit, in der Opferrolle stecken. Eine solche Unversöhnlichkeit bremst uns, macht unfrei und letztlich zum Opfer – nach dem Motto: Der andere hat mir Unrecht getan, ich bin das Opfer, das zu bedauern ist. Erst wer bereit ist, diese Opferrolle zu verlassen, kann sich selbst aus dem Seelengefängnis befreien.

Am Ende des Lebens stellt sich die Frage: „Welche Schuld habe ich auf mich geladen? Was ist mit der Schuld, die mir zugefügt wurde? Was geschieht mit dem, was andere durch mich erlitten haben? Was geschieht mit all dem Kostbaren, das mein Leben ausmachte?“ Verletzungen, die man erlitten hat und die man selbst anderen zugefügt hat, sind nicht aus der Welt, wenn man stirbt. Das lässt sich besonders gut an ungelösten Familienkonflikten erkennen, die in die nächste und übernächste Generation getragen werden. Und oft genug geht es nicht um andere, denen man etwas zu verzeihen hat, sondern darum, sich selbst etwas zu verzeihen.

Sterbebegleiter werden häufig mit so manchen ungelösten Konflikten Sterbender konfrontiert, die die letzte Phase schwer belasten können. Ich habe es jedenfalls während meiner aktiven Zeit als ehrenamtliche Sterbebegleiterin in einem stationären Hospiz so erlebt.

Als „Hospizler“ stellt man sich immer wieder die Frage: „Was brauchen Sterbende, um zufrieden und versöhnt Abschied nehmen zu können?“ Bei mir ist die Überzeugung gewachsen, dass das, was wesentlich ist für ein erfülltes Leben, auch zu einem guten Sterben verhilft. Und dabei spielt die Fähigkeit, verzeihen zu können, eine bedeutsame Rolle, denn nur, wer dazu in der Lage ist, kann Ballast abwerfen und sich von seelischen Belastungen befreien.

In meinen Begleitungen habe ich vertrauensvolle Gespräche mit Tiefgang erlebt. Oft habe ich mich als anonyme Klagemauer empfunden, der man sein ganzes Leid anvertrauen kann. Gelegentlich ist es mir auf den letzten Metern sogar gelungen, eine Versöhnung von Eltern mit ihren Kindern, die bereits seit vielen Jahren den Kontakt zu ihren Eltern abgebrochen hatten, zu unterstützen. Das waren für mich wahre Sternstunden.

Leider gibt es viel Unversöhnlichkeit und damit Schuldgefühle innerhalb der Familien. In Seminaren und Workshops zum Thema „Späte Versöhnung“ werden von Begleitern typische Situationen am Kranken- bzw. Sterbebett geschildert und welche Probleme in Familien zutage treten. Neben „Familiengeheimnissen und Tabus“, über die nie gesprochen, sondern die „totgeschwiegen“ wurden, gibt es häufig ausgesprochene wie unausgesprochene Vorwürfe. Ganz verfahren scheint die Situation dann, wenn die Kinder wegen seelischer Verletzungen den Kontakt zu den Eltern schon vor Jahren abgebrochen haben.

Oft besteht im Rückblick auf das gelebte Leben und die Beziehungen der Wunsch nach einer Versöhnung oder einer letzten Begegnung, um dann loslassen und sterben zu können. Sterbebegleiter werden häufig zu Geheimnisträgern über die „unsichtbare Buchhaltung in den Familien", die gerade in der letzten Lebensphase eines Menschen an Bedeutung gewinnt:

- Wer ist wem noch etwas schuldig?
- Wer hat mehr auf das Gefühlskonto eingezahlt?
- Wurde besonderer Einsatz gewürdigt oder fühlt man sich benachteiligt?
- Wer in der Familie hat mehr genommen als gegeben?
- Wie kränkend war die Rangordnung der Liebe in der Familie?

Aufgrund meiner Hospizerfahrung ist mir bewusst geworden, dass Versöhnung mit sterbenden Angehörigen nicht nur für die Sterbenden, sondern auch für die Hinterbliebenen wichtig ist. Man muss aber akzeptieren, dass das nicht immer möglich ist, denn es kann in Familien Dinge geben, die so einfach nicht zu lösen sind, wie das Beispiel der Familie des Altkanzlers Helmut Kohl zeigte.

Versöhnung kann man nicht verordnen, wohl aber können Sterbebegleiter es unterstützen, dass eine späte Versöhnung am Sterbebett noch möglich wird. Aufgabe und Auftrag der Begleiter ist es nicht.

Traurig ist es für Begleiter, erleben zu müssen, dass Eltern von dieser Welt gehen, ohne dass ihre Kinder sich mit ihnen versöhnen. Das hat kein Vater und keine Mutter verdient. Als Begleiter hat man eine persönliche Beziehung zu dem Sterbenden, und das kann dazu verführen, sich mit dem Menschen, den man begleitet, zu identifizieren und Sachverhalte aus dessen Sicht zu bewerten. Dadurch wird man – oft unbemerkt – zur Partei. Wichtig wäre es aber, einfühlsam zu sein und etwas zu bedauern, ohne zu bewerten.

Vielleicht ist es für Begleiter wichtig, die Perspektive zu wechseln, um evtl. Verständnis für unversöhnliche Kinder haben zu können und auch deren Leid, das zum Rückzug führte, zu berücksichtigen, statt das Verhalten „undankbarer Kinder" zu verurteilen. Als Begleiter weiß man nicht, was in Familien vorgefallen ist und was zu Fehlverhalten und Kränkungen auf beiden Seiten geführt hat und wer wodurch schuldig geworden ist.

Verzeihen zu können oder Vergebung zuzulassen ist für viele Menschen ein außerordentlich schwieriger Schritt. Manche wissen nicht, warum sie überhaupt verzeihen sollen. Eng verknüpft damit sind Schuldgefühle bzw. Schuldprojektionen auf andere. Wer sich aber selbst zum Opfer macht, indem er anderen die Schuld für Versagen oder eine tiefgehende Verletzung zuweist und deshalb unversöhnlich ist, verkennt dabei, dass er emotional über Schuldgefühle oder das Aufrechterhalten des Grolls an diese Person emotional gebunden bleibt, selbst nach ihrem Tod.

Um dem Sterbenden seinen Weg zu erleichtern, ist es manchmal notwendig, als Begleiter zum Vermittler oder Mediator zu werden, um ihn darin zu unterstützen, sich zu versöhnen, mit sich selbst, mit seinem Leben, das so war, wie es war, und mit denen, die ihm nahestehen.

Zur Versöhnung bereit zu sein und sich selbst und anderen etwas zu vergeben, dazu bedarf es der Entscheidung, sich von alten ungelösten Problemen zu befreien und mit sich selbst ins Reine zu kommen. Aufgestaute Gefühle wie Wut, Hass, Groll, Zorn oder Aggression lösen sich auf, und Sterbende finden Harmonie und inneren Frieden.

Die meisten Sterbenden sehnen sich noch in ihren letzten Tagen nach Aussöhnung, Vergebung und Verzeihen, um inneren Frieden zu finden. So war es auch bei meinem Vater, der – wie sicherlich alle Kriegseltern – streng und autoritär war, immer recht hatte und sich niemals für irgendetwas entschuldigt hat. In seinen letzten Lebenstagen sagte er zum ersten Mal wörtlich:

„Wie muss man erst klein und erbärmlich werden wie ein Wurm, um sich etwas eingestehen zu können. Ich habe dir Unrecht getan. Es tut mir leid." Dass meinem Vater Worte des Bedauerns über die Lippe kommen könnten, hätte ich niemals erwartet. Umso mehr hat mich seine Versöhnung auf den letzten Metern beeindruckt. Er hat Verantwortung für sein Leben, für sein Tun und Unterlassen, übernommen und sich im Bekenntnis seiner Schuld befreit vom Ballast der Vergangenheit. Das hat ihm sein Sterben sehr erleichtert.

Im Sterben relativiert sich alles, und es zeigt sich oft, dass viele jahrelange Konflikte auf banalen Streitereien beruhen, die sich im Laufe der Jahre verselbstständigt und verfestigt haben. Wenn das erkannt wird, entsteht der aufrichtige Wunsch, diese Dinge bereinigen zu wollen.

Jeder Sterbende macht früher oder später die Erfahrung der *Lebensrückschau*, in der er sich selbst ungeschminkt ins Gesicht schaut und auch mit den Auswirkungen seiner Gedanken, Taten und Worte auf andere Menschen konfrontiert wird. Sie betrachten dann die Umstände ihres Lebens von einer höheren Warte, da die eigenen Schwächen und Fehler nicht länger verdrängt werden können. Ihnen wird bewusst, dass nur durch Verzeihen alte Verstrickungen aufgelöst werden können.

Ich kann sehr wohl nachempfinden, dass es Situationen und Konstellationen geben kann, nicht verzeihen zu können oder zu wollen. Ich denke in diesem Zusammenhang an Menschen, die Verrat, Ausgrenzung, Gewalt oder Missbrauch erleben mussten. Nicht jeder ist ein Nelson Mandela, der trotz großen Leids und ungerechter, 27-jähriger Inhaftierung die Fähigkeit zur Versöhnung behielt. Von ihm ist das Zitat überliefert: „Vergebung ist die schärfste Waffe."

7. Die Lebensbeichte

Viele von uns sind ein Leben lang mit Masken unterwegs, die sie stark, durchsetzungsfähig und erfolgreich zeigen. Man zeigt nach außen, was andere wissen sollen, und man baut sich werbewirksam ein Image auf. Wir alle kennen die selbstdarstellenden Sprüche aus der Werbung: „Mein Haus, mein Boot, mein Pferd ..."

Von außen gesehen befindet man sich auf der Sonnenseite des Lebens, doch innen sieht es oft ganz anders aus. Attraktivität, Erfolg und Beliebtheit: Das sind die Maßstäbe, denen sich viele Menschen unterordnen – bis von der eigentlichen Person nichts mehr übrig ist.

Selbst in einer lebenslangen Paarbeziehung gibt es, wie ich es in meinem Buch *Familiengeheimnisse und Tabus*[11] beschrieben habe, Tabus und Geheimnisse: eine belastete Vergangenheit, eine Doppelbeziehung, ein uneheliches Kind, sexuelle Perversionen, eine andere Identität, eine dunkle Seite oder heimliche Sehnsüchte.

Das dadurch entstehende seelische Leid verbergen viele beharrlich vor der Außenwelt. Oft wird der Weg der Selbstentfremdung erst durch eine Krise, eine schwere Krankheit oder das Lebensende gestoppt.

Wie es sich mit den diversen Masken verhält, die Menschen zum Selbstschutz tragen, das mag vielleicht der nachfolgende Brief eines unbekannten Studenten vermitteln:

Bitte höre, was ich nicht sage!

Lass dich nicht von mir narren. Lass dich nicht durch das Gesicht täuschen, das ich mache, denn ich trage tausend Masken – Masken, die ich fürchte abzulegen. Und keine davon bin ich. So tun als ob ist eine Kunst, die mir zur zweiten Natur wurde. Aber lass dich dadurch nicht täuschen, um Himmels Willen, lass dich nicht von mir narren. Ich mache den Eindruck, als sei ich umgänglich, als sei alles sonnig und heiter in mir, innen wie außen, als sei mein Name Vertrauen und mein Spiel Kühle, als sei ich ein stilles Wasser und als könne ich über alles bestimmen, so als brauchte ich niemanden.

Aber glaub mir nicht!

Mein Äußeres mag sicher erscheinen, aber es ist meine Maske. Darunter bin ich, wie ich wirklich bin: verwirrt, in Furcht und allein. Aber ich verberge das. Ich möchte nicht, dass es irgendjemand merkt. Beim bloßen Gedanken an meine Schwächen bekomme ich Angst und fürchte mich davor, mich anderen überhaupt auszusetzen. Gerade deshalb erfinde ich verzweifelt Masken, hinter denen ich mich verbergen kann: eine lässige, kluge Fassade, die mir hilft, etwas vorzutäuschen, die mich vor dem wissenden Blick sichert, der mich erkennen würde. Dabei wäre dieser Blick gerade meine Rettung. Und ich weiß es. Wenn es jemand wäre, der mich annimmt und mich liebt. Das ist das einzige, das mir die Sicherheit geben würde, die ich mir selbst nicht geben kann: dass ich wirklich etwas wert bin.

Aber das sage ich dir nicht. Ich wage es nicht. Ich habe Angst davor. Ich habe Angst, dass dein Blick nicht von Annahme und Liebe begleitet wird. Ich fürchte, du wirst gering von mir denken und über mich lachen. Und dein Lachen würde mich umbringen. Ich habe Angst, dass ich tief drinnen in mir selbst nichts bin, nichts wert, und dass du das siehst und mich abweisen wirst.

So spiele ich mein Spiel, mein verzweifeltes Spiel: eine sichere Fassade außen und ein zitterndes Kind innen. Ich rede daher im gängigen Ton oberflächlichen Geschwätzes. Ich erzähle dir alles, was wirklich nichts ist, und nichts von alldem, was wirklich ist, was in mir schreit; deshalb lass dich nicht täuschen von dem, was ich aus Gewohnheit rede.

Bitte höre sorgfältig hin und versuche zu hören, was ich NICHT sage, was ich so gerne sagen möchte, was ich um des Überlebens willen rede und was ich nicht sagen kann. Ich verabscheue dieses Versteckspiel, das ich da aufführe. Es ist ein oberflächliches, unechtes Spiel. Ich möchte wirklich echt und spontan sein können, einfach ich selbst, aber du musst mir helfen. Du musst deine Hand ausstrecken, selbst wenn es gerade das Letzte zu sein scheint, was ich mir wünsche. Nur du kannst mich zum Leben rufen. Jedes Mal, wenn du freundlich und gut bist und mir Mut machst, jedes Mal, wenn du zu verstehen suchst, weil du dich wirklich um mich sorgst, bekommt mein Herz Flügel – sehr kleine Flügel, sehr brüchige Schwingen, aber Flügel!

Dein Gespür und die Kraft deines Verstehens geben mir Leben. Ich möchte, dass du das weißt. Ich möchte, das du weißt, wie wichtig du für mich bist, wie sehr du aus mir den Menschen machen kannst, der ich wirklich bin – wenn du willst.

Bitte, ich wünschte, du wolltest es. Du kannst die Wand niederreißen, hinter der ich zittere. Du allein kannst mir die Maske abnehmen, du allein kannst mich aus meiner Schattenwelt, aus Angst und Unsicherheit befreien, aus meiner Einsamkeit. Übersieh mich nicht. Bitte übergeh mich nicht! Es wird nicht leicht für dich sein. Die lang andauernde Überzeugung, wertlos zu sein, schafft dicke Mauern. Je näher du mir kommst, desto blinder schlage ich zurück. Ich wehre mich gegen das, wonach ich schreie. Aber man hat mir gesagt, dass Liebe stärker sei als jeder Schutzwall, und darauf hoffe ich.

Wer ich bin, willst du wissen?

Ich bin jemand, den du sehr gut kennst. Denn ich bin jedermann, den du triffst, jeder Mann und jede Frau, die dir begegnen.[12]

Während der Sterbebegleitung enden der „Maskentanz“ und das Verstecken des wahren Ichs. Den meisten Menschen fehlt am Ende ihres Lebens die Kraft für eine Doppelidentität, und es wächst bei ihnen der Wunsch, ihre Maske abzulegen, sich zu entlasten und ihr wahres Ich zu zeigen.

Harald, 71:

Ich will ja keine Lebensbeichte ablegen. Aber es gibt Dinge, die ich getan habe, die waren wirklich gemein. Ich schäme mich dafür. Und es gibt andere, auf die ich echt stolz bin, obwohl sie moralisch nicht waschecht sind. Ich stehe zu beiden.

Oskar, 97:

Die Gräuel des Krieges, an denen auch ich selbst nicht unschuldig war, haben sich in meiner Seele verkapselt. Mein ganzes Leben lang habe ich aus Scham über die Schuld geschwiegen, die ich durch Verblendung auf mich geladen und zu verantworten habe. Ich hatte gerade Abitur gemacht und dachte, für eine gute Sache zu kämpfen.

Auf dem Sterbebett wollte Oskar sich von der Seele reden, was er als verblendeter junger Mann tat und zu verantworten hat. Ich als ehrenamtliche Sterbebegleiterin schenkte ihm ein offenes Ohr für seine Lebensbeichte. Prominente wie Günter Grass suchten in den letzten Jahren ihres Lebens für ihre Geständnisse die Öffentlichkeit. Grass' Memoiren beispielsweise boten den letztmöglichen Zeitpunkt, die bisher verschwiegene SS-Vergangenheit selbst zu bekennen, bevor es möglicherweise ein beschädigendes Aufdecken durch Dritte gegeben hätte. Aber ähnlich wie bei der Beichte kann das bloße Aussprechen von Schuld schon etwas Befreiendes haben und Erleichterung bringen.

Der Drang zum Bekenntnis und zur Entlastung, zur Erleichterung durch das Eingeständnis von Schuld, spielt ganz besonders am Ende des Lebens eine bedeutsame Rolle. Dazu gehören Vertrauen und Mut zum Bekenntnis der eigenen Schuld.

Eine Lebensbeichte besonderer Art erlebte ich mit einer Frau, die in einem kleinen Dorf im Rheinland aufgewachsen war. Sie litt jahrzehntelang unter einem „bösen Geheimnis“. Zwei Bewohner dieses Dorfes hatten junge Frauen und Mädchen missbraucht und vergewaltigt. Viele im Dorf hatten Bescheid gewusst. Keiner hatte etwas gesagt. Auch Lydia, 62, die ich begleitete, war eines der Opfer und hat aus Scham nie darüber gesprochen. Bei mir brach sie ihr Schweigen und befreite sich von einer schweren Last. Obwohl das alles schon Jahrzehnte her ist, war es Lydia am Ende ihres Lebens ein Bedürfnis, mir von ihrem erlittenen unsichtbaren Schmerz des Missbrauchs zu erzählen.

Viele Menschen, die sehr lange unter dem Druck von Familiengeheimnissen gelitten haben, brechen sehr häufig in der letzten Phase ihres Lebens ihr Schweigen und schaffen sich dadurch Entlastung.

Ich erlebe aber auch immer wieder Situationen, in denen es Menschen unglaublich schwerfällt, über bisher Unausgesprochenes zu sprechen.

Oft wird der Zeitpunkt für ein klärendes Gespräch verpasst, und dann gibt es oft nur die Chance, bisher Unausgesprochenes zu beichten. Die meisten bevorzugen dafür einen wohlwollenden, vertrauenswürdigen Menschen, der als „anonyme Klagemauer" zur Verfügung steht, ohne etwas zu bewerten.

Oft geschieht das in Begleitungen, wenn ein besonderes Vertrauensverhältnis besteht, und oft sind es Geheimnisse, von denen selbst die nächsten Angehörigen nichts wissen. Das entlastet Menschen von Schuld und Scham, führt aber auch dazu, unbeteiligte Menschen zu Geheimnisträgern zu machen, was einen unbefangenen Umgang mit beteiligten Angehörigen erschwert.

Der Sterbende möchte sich entlasten, die Angehörigen möchten eine Lebensbeichte des Sterbenden verhindern, weil gerade Familiengeheimnisse, in die alle involviert sind, auch vor gesellschaftlicher Stigmatisierung schützen.

8. Verschlüsselte Botschaften verstehen

Oft ist zu beobachten, dass Sterbende sich in *Metaphern* bzw. in *Symbolsprache* mitteilen. Besonders dann gilt es, diese „Botschaften" behutsam zu entschlüsseln, um Missverständnisse zu vermeiden und die Bedürfnisse Sterbender zu erkennen, um sie befriedigen zu können.

Die „verschlüsselten Botschaften" oder die „Symbolsprache" Schwerstkranker oder Sterbender werden häufig zu wenig beachtet, weil „wir" Gesunden mehr in der Realität des Augenblicks stehen. Wenn man aber genau hinhört, vermitteln uns diese Botschaften viel über den Zustand, das Stadium oder die Selbsteinschätzung dieser Menschen, die sich in einer Grenzsituation befinden.

Die Symbolsprache ist eine häufige Ausdrucksform, die indirekt über Bilder oder Andeutungen etwas mitteilen will.

Ein sterbender Mann äußert, dass er Angst habe, mit seinem Kohlevorrat nicht über den Winter zu kommen. Die Kohlen symbolisieren das, was ein Feuer am Leben erhält. Wenn die Kohlen ausgehen, stirbt das Feuer, die Wärme, das Leben.

Ein Sterbender drängt seine Begleiter, ihm seine Wanderschuhe zu bringen.

Er müsse unbedingt den Berg besteigen. Schwere Wanderschuhe sind für unwegsames Gelände bestimmt. Dieser Mann spürt, dass er einen beschwerlichen Weg vor sich hat.

Andere häufige Metaphern:

- „Bald werde ich auf eine lange Reise gehen."
- „Ich muss jetzt meinen Koffer packen"; „Gleich werde ich abgeholt"; „Ich muss mich beeilen, um den Zug/den Bus noch zu erreichen"; „Meine Schuhe müssen dringend neu besohlt werden"; „Morgen kommt eine Kutsche, die mich abholt."
- „Wenn ich erst wieder zuhause bin, ist alles gut"; „Rufen Sie ein Taxi, ich muss jetzt nach Hause." (Das wird auch von Menschen geäußert, die sich im eigenen Zuhause befinden.)

In symbolhaften Äußerungen Sterbender finden sich vielfältige Bilder, die in Zusammenhang mit dem biografischen Hintergrund des Sterbenden gebracht werden müssen.

Mit der Reise ist häufig die letzte Reise, also der Tod, gemeint. Der Patient befindet sich somit in einer Aufbruchsstimmung, die sich oft mit gleichzeitig einhergehender motorischer Unruhe äußert. Das Kofferpacken, Aufräumen oder das Suchen nach etwas Fehlendem sind Aktivitäten, die eventuell noch erledigt werden müssen.

Wie könnten Begleiter darauf reagieren? Hier einige Vorschläge:

- „Sie möchten jetzt aufbrechen?"
- „Sind Sie wegen der Reise aufgeregt, oder sehen Sie ihr gelassen entgegen?"
- „Was erhoffen Sie sich von der Reise?"
- „Kann ich Ihnen bei der Reisevorbereitung behilflich sein?"

Das Bestätigen verschlüsselter Botschaften macht Sterbenden Mut, sich weiter zu äußern. Die Fragen ermöglichen es, dass der Sterbende etwas von seinen Ängsten oder Hoffnungen preisgeben kann, ohne die Worte „Tod" und „Sterben" benutzen zu müssen. Daher sollte auch ein Begleiter diese Worte nicht verwenden; damit wäre das Gespräch möglicherweise sofort beendet. Es geht nicht um die Übersetzung eines Codes, sondern um echtes Zuhören und Anteilnahme.

Das Zuhause ist die Metapher für einen Ort, der Geborgenheit verspricht. Nach Hause gehen, also heimgehen, meint sterben. Wie sollten Begleiter darauf eingehen? Vielleicht einfach mit Fragen:

- „Zuhause fühlen Sie sich geborgen?"
- „Wie weit ist es denn bis zu Ihrem Zuhause?"
- „Ist dort jemand, der Sie erwartet?"

Gerade die letzte Frage führt oft dazu, dass der Kranke Personen nennt, die schon längst verstorben sind.

Gestohlene Gegenstände deuten darauf hin, dass sich der Sterbende tatsächlich um sein Leben gebracht sieht, seine Existenz wird ihm genommen. Der Ruf nach der Polizei ist als Hilferuf nach letzter Rettung zu verstehen.

Weitere Metaphern, die ebenfalls im Dialog mit Sterbenden auftauchen können, sind z. B. das Überwinden eines Flusses, eines Grabens oder das Erklimmen eines hohen Berges:

Ich habe in der letzten Nacht versucht, einen Fluss zu überwinden. Aber dort war keine Brücke. Deshalb will ich heute Nacht noch einmal nach einer Brücke Ausschau halten.

Was Sterbebegleitung hinsichtlich verschlüsselter Botschaften bedeutet, lässt sich bildhaft so darstellen:

Die Sprache der Sterbenden sollte man nicht wörtlich nehmen, sondern den dahinterliegenden Sinn, die eigentliche Bedeutung, die hinter dem tatsächlich ausgesprochenen Wort steht, herausfinden. Dies ist oft schwierig, da man als Begleiter plötzlich mit einer ganz anderen Kommunikationsebene konfrontiert ist als der, die wir in unseren täglichen Gesprächen gewohnt sind.

Frau Kübler-Ross hat sich intensiv mit der Kommunikation am Lebensende befasst und mit ihrem Buch *Interviews mit Sterbenden*[13] große Pionierarbeit geleistet!

Am besten versteht man die verschlüsselten Botschaften in der Kommunikation Sterbender, indem man sich Folgendes bewusst macht:

Die meisten von uns haben schon einmal Urlaub in einem anderen Land gemacht. Wenn wir dort angekommen sind, und manchmal auch schon während der Reisevorbereitungen, müssen wir uns auf andere Lebensgewohnheiten, andere Sitten und Gebräuche und auch auf eine andere Sprache oder zumindest auf einen anderen Dialekt einstellen. Dadurch ergeben sich anfangs einige Verständigungsschwierigkeiten. Es dauert einige Zeit, bis wir uns an die neue, noch ungewohnte Situation gewöhnt haben und in der Lage sind, den anderen zu verstehen und uns selbst verständlich zu machen.

Etwas Ähnliches trifft auch auf Menschen in ihrer letzten Lebensphase zu. Auch Sterbende sind sozusagen Reisende in ein uns fremdes, unbekanntes Land, in dem eine andere Sprache gesprochen wird, die wir erst erlernen müssen. Die in dieser Sprache vorkommenden Symbole sind oft die, die wir auch in Märchen, Träumen, Mythen und Psalmen wiederfinden, die schon seit Jahrhunderten bestehen und in fast allen Kulturen vorkommen. In diesen Symbolen wird oft das eigentlich Unaussprechliche, das, was in unserer Gesellschaft tabuisiert wird, wie z. B. der Tod, ausgesprochen. Um sie zu verstehen, braucht man Zeit, Einfühlungsvermögen und die Kenntnis einiger grundlegender „Vokabeln und Redewendungen".

Viele Aussagen beziehen sich auch auf den Begriff *Heimat* und darauf, *nach Hause* zu gehen. Viele Menschen haben auch das Gefühl, in dieser anderen Welt bereits so etwas wie ein Heimatrecht zu haben, weil dort schon früher verstorbene Angehörige und Freunde sind, die man gerngehabt hat.

Oft wird auch von einem *Tor* und von *Türen* gesprochen, genauso wie von *Schlüsseln*, mit denen man das Tor aufschließen kann. Diese Schlüssel können ein Hinweis auf das Spirituelle sein. Sie sind der Gegenstand, das Hilfsmittel, mit dem man den Weg in die andere Welt öffnen kann.

Wenn Sterbende davon sprechen, dass sie sich verlassen fühlen, dann hat das manchmal weniger damit zu tun, dass sich wirklich kein Mensch um sie kümmert, sondern viel mehr damit, dass sie selbst diese Welt verlassen. Sie spüren bereits den Abstand, der schon besteht zwischen ihnen und den Personen, die sie umgeben, und sie wissen auch, dass sie den Sterbeweg ganz allein gehen müssen.

Was alle Beispiele – so unterschiedlich sie auch sein mögen – zeigen, ist, wie vielfältig die Symbolsprache der Sterbenden sein kann.

Abgesehen davon wechseln Sterbende häufig die Kommunikationsebenen. In einem Moment befinden sie sich auf der Ebene der Symbolsprache und im nächsten Moment wieder auf der für uns „realen" Ebene. Das führt für Angehörige und Begleiter oft zur Verwirrung. Umso wichtiger ist es dann, besonders genau hinzuhören, weil man diesen Wechsel von der symbolischen auf die reale Ebene und umgekehrt oft an der Stimme bzw. am Tonfall erkennen kann. Wichtig sind an dieser Stelle aktives Zuhören, ein Aufgreifen der Aussagen, ein Eingehen auf die Gefühle Sterbender und eine genaue Beobachtung dessen, wie sich Stimme, Mimik, Gestik, Hautfarbe und Atmung ändern.

Aber warum bedienen sich Sterbende der Symbolsprache bzw. verschlüsselter Botschaften? Für viele Sterbende ist die Symbolsprache die einzige Möglichkeit, das Sterben anzusprechen, um Angehörige oder Begleiter nicht zu belasten, manchmal aber auch, um das Leugnen als eine Form der Abwehr und des Selbstschutzes nicht ganz aufgeben zu müssen.

Wenn ein Sterbender offen über sein nahes Ende spricht, blocken Angehörige oft ab, weil sie einfach nicht loslassen und Abschied nehmen wollen. Sie nehmen damit den Sterbenden und sein Anliegen, sich mitzuteilen, nicht ernst und versuchen stattdessen oft, ihm seine „Endzeitstimmung" auszureden. Dadurch fühlt sich ein Sterbender noch stärker ausgegrenzt, unverstanden und allein.

Die Aufgabe eines Begleiters oder begleitender Angehöriger besteht darin, die Realität des Sterbenden zu akzeptieren, einfach nur da zu sein und zu versuchen, seine Symbolsprache verstehen zu lernen. Wichtige Voraussetzungen dafür sind:

- Respekt vor dem Gegenüber, seiner Wahrnehmung und seiner Ausdrucksweise;
- Toleranz dafür, dass der Sterbende nicht immer zu einem offenen Gespräch bereit ist. Oft kann man auch zwischen den Zeilen lesen, was mehr oder weniger bewusst im Sterbenden arbeitet;
- Man sollte sich fragen, wenn ein Sterbender bildhaft spricht: Was lösen solche Bilder und Symbole in uns aus, welche Wünsche steigen hoch?
- Behutsames Abwägen der jeweiligen Situation: Wann muss ich Dinge wirklich ernsthaft beim Namen nennen, und wann sollte ich etwas Zurückhaltung wahren?

Meiner Erfahrung nach gibt es kein Patentrezept dafür, wie man mit der Symbolsprache Sterbender am besten umgeht. Vielleicht ist es für Angehörige und Begleiter hilfreich, sich vorzustellen, dass Sterbende einen Prozess durchlaufen, in dem sie eine andere Selbst-, Fremd- und Umweltwahrnehmung haben, weil sie Neuland betreten und nicht auf Erfahrungen zurückgreifen können.

Fazit: Es gibt keine allgemein gültigen Regeln für die Kommunikation mit Sterbenden und auch keine allgemein gültige Interpretation für deren Symbolsprache. Wie eine Rose, die langsam aufblüht, Blatt um Blatt, die schließlich verwelkt und trockene Blütenblätter abwirft, so werden wir erleben, dass jeder Mensch einzigartig ist: im Leben wie im Sterben.

Gottes Geist weht, wo er will.
Doch nur wenn ich will,
kann er auch in mir wirken.
Unvermutet sucht er mich auf:
in einem Menschen,
einem Wort, einem Ereignis.
Die verschlüsselte Botschaft
offenbart sich mir manchmal
erst auf den zweiten Blick.
Nur wenn ich wach bin,
offen, bereit, die Botschaft zu hören,
wird sie mich auch erreichen.
Wird sie mich erreichen?

Gisela Baltes

9. Sterbebettvisionen

Unter Sterbebettvisionen versteht man außergewöhnliche, außersinnliche Wahrnehmungen, die in der Begleitung von Sterbenden in Todesnähe, oft auch schon Tage zuvor, beobachtet und beschrieben werden. Kurz vor dem Tod berichten viele Menschen von Visionen, plötzlichen Einsichten, einem Empfinden großer Liebe und ähnlichen Dingen, für die es derzeit keine abschließende Erklärung gibt.

Verschiedenste Kulturen und Religionen haben sich mit dem Phänomen des Todes auseinandergesetzt. Heute versuchen Wissenschaftler über die Auswertung von Nahtod-Erfahrungen dem Mysterium des Todes auf die Spur zu kommen. Dabei handelt es sich um Menschen, die für einige Zeit klinisch Tod oder im Koma waren und nach ihrem Aufwachen über ihre Erlebnisse berichten können. Viele von ihnen beschreiben „die andere Seite" als höchst angenehm, vertraut und voller Licht und Liebe.

Eine aktuelle Studie japanischer Forscher kommt zu dem Schluss, dass einer von fünf sterbenden Patienten Visionen von bereits verstorbenen Verwandten oder Freunden oder einem Leben nach dem Tod, sogenannte Sterbebettvisionen, erlebt.[14]

Wie die Forscher um Dr. Tatsuya Morita vom Seirei Mikatahara General Hospital in Shizouka aktuell in der Fachzeitschrift *Journal of Pain and Symptom Management* (DOI: 10. 1016/j. jpainsymman.2016. 04. 013) berichten, basiert ihre Studie auf einer landesweiten Umfrage von 2014 an Krankenhäusern und Hospizeinrichtungen zu dort verstorbenen Krebspatienten, aus der auch Antworten auf Fragen zu den in Japan als Omukae bezeichneten Sterbebettvisionen hervorgehen.[15]

Die Ergebnisse der Studie sind deshalb erstaunlich, weil die Berichte sich so ähnlich sind und große Gemeinsamkeiten im Erleben der Sterbenden offenbaren: Immer wieder berichten Patienten von der Wahrnehmung verstorbener Verwandter, Freunde, religiöser Figuren oder einem hellleuchtend-weißen Licht im Raum.

Das Anliegen der Forscher besteht vor allem darin, dass diese Erlebnisse der Sterbenden ernst genommen und auch öffentlich thematisiert werden. Leider dringen diese Forschungen erst langsam an die Öffentlichkeit. Leider – denn die meisten aktuellen Forschungen zu Sterbebett-Visionen und Nahtod-Erlebnissen zeichnen ein Bild vom Tod, welches sehr viel Trost spenden und dem Sterbenden sicher ein Teil seiner Angst nehmen könnte.

Sarah, 49:

Im Jahr 2015 verstarb meine geliebte Mutter im Alter von 78 Jahren. Ich begleitete sie zehn Monate bis zu ihrem Tod. Ihre tiefgreifenden Erfahrungen, die sie an der Grenze hin zum Tod gemacht hatte, waren für mich ausschlaggebend, mich mit dem Thema „Bewusstseinsveränderungen in Todesnähe" intensiver zu beschäftigen.

Mit 77 Jahren aus dem noch vollen aktiven Leben heraus bekam meine Mutter die Diagnose „Bauchspeicheldrüsenkrebs" im fortgeschrittenen Stadium. Ich habe die Monate bis zu ihrem Tod hautnah miterleben dürfen und konnte sie in dieser Zeit eng begleiten. Während dieser schweren Zeit schrieb ich Tagebuch, einerseits, um mir vieles, das mich bewegte, von der Seele zu schreiben, andererseits, um Daten, Fakten und Gesprächsinhalte festzuhalten und um mich mit meiner Trauer sowie der Trauer und dem Abschiedsschmerz meiner Mutter auseinanderzusetzen.

In einem Traum erschien meiner Mutter mein längst verstorbener Vater, sie sah ihn ganz deutlich und klar vor sich, und er rief sie zu sich: „Komm, hab' keine Angst!" Darüber war sie zuerst sehr erschrocken, weil sie ihn so leibhaftig und total lebendig gesehen hatte, und gleichzeitig verstand sie: „Er will mich zu sich holen." Dies machte ihr zuerst Angst, denn sie wollte nicht sterben! Dennoch fand nach diesem Traum eine für mich wahrnehmbare innere Wandlung in meiner Mutter statt, die Erscheinung meines Vaters beschäftigte sie sehr. Öfter sprach sie jetzt mit mir über das Sterben und über ihre Begegnung mit einem Engel, der zu ihr Kontakt aufgenommen habe, mit ihr spreche, und sie wisse nun, dass ihre Tage hier auf Erden gezählt seien. Der Engel habe zu ihr gesagt, es sei noch nicht so weit, sie solle sich aber bereithalten, es sei für alles gesorgt.

Sie war ganz ruhig, die ganze Anspannung der vergangenen Monate schien sich aufzulösen. Auch meiner Schwester hat sie immer wieder von der Engelbegegnung berichtet und von dem Trost, den sie dadurch empfand.

Wenige Tage vor ihrem Tod fragte sie mich, ob ich heute Nacht auch das helle leuchtende Licht gesehen hätte, überall sei es um sie herum gewesen, das Licht so hell, so überirdisch schön, wie sie es noch nie gesehen habe. Ein anderes Mal fragte sie mich: „Hast du heute Nacht auch den wunderbaren Gesang gehört? Es war, als würden Engel singen, es war eine himmlische überirdisch schöne Musik!" Ihre Kräfte schwanden, und sie zog sich mehr und mehr in sich zurück. Oft saß ich bei ihr am Bett, sie schlief nun viel, und es war offensichtlich, dass Mama ihre letzten Tage auf Erden zu leben hatte.

Während ich so bei ihr saß, konnte ich immer wieder mehrere Male zu unterschiedlichen Zeiten feststellen, wie sie so vor sich hin lächelte. Es war wie ein himmlisches Lächeln aus einer anderen Welt.

An ihrem Sterbetag war mir klar, dass ihre Lebenszeit nun zu Ende ging. Meine Mutter hatte wieder dieses Lächeln, das einen tiefen Ausdruck von Frieden vermittelte.

Das Sterben meiner Mutter hat mich zutiefst berührt und mich sensibilisiert für unerklärliche Phänomene im Grenzbereich zwischen Leben und Tod.

Carina, 41, ehrenamtliche Sterbebegleiterin:

Ich bin seit fünf Jahren ehrenamtliche Sterbebegleiterin in der ambulanten Hospizbewegung und habe bei meinen zahlreichen Begleitungen immer wieder von Patienten, die schon weit im Sterbeprozess fortgeschritten waren, Sätze gehört wie: „Ich will hier raus! Es ist so eng hier." Sie versuchten, ihre Kleidung auszuziehen, befanden sich in einer großen inneren Unruhe, wollten mit letzter Kraft nochmals das Bett verlassen. Viele Sterbende äußern auch den Satz: „Ich will nach Hause", auch wenn sie zu Hause in ihrem gewohnten Umfeld betreut wurden. Da nutzt es wenig, wenn die Angehörigen oder wir Begleiter beruhigen und sagen: „Aber du bist doch zu Hause." Ich bin davon überzeugt, dass der Sterbende seine seelische Heimat meint.

Wer Sterbende aus dem Leben begleitet, muss sich auf die Konfrontation mit unbekannten Realitäten und Wahrnehmungsverschiebungen einstellen und damit umgehen können. Sterbende haben häufig visuelle Eindrücke, die Angehörige oder Begleiter nicht nachvollziehen können. Trotzdem ist es wichtig, solchen Visionen mit Respekt zu begegnen und sie nicht als Einbildung abzutun, weil man sich selbst auf einer anderen Wahrnehmungsebene befindet als der Sterbende.

Weitere Beispiele:

Hilde, eine Frau im Alter von 72 Jahren, befindet sich im Finalstadium einer langjährigen Krebserkrankung. Ihre Angehörigen sind verzweifelt, weil Hilde Personen im Raum wahrnimmt, mit ihnen spricht und sie sogar durch die Wand hindurch im benachbarten Badezimmer sehen kann. Sie sieht außerdem Landschaften und Tiere. Die Angehörigen führen diese vermeintlichen Halluzinationen auf die Medikation mit Morphin zurück. Irgendwann ist Hilde dann immer ruhiger geworden und in Frieden gestorben.

Die Angehörigen und ich als Begleiterin konnten im Nachhinein erkennen, dass das, was wir für irreale Visionen hielten, für die sterbende Hilde eine Realität war, die wir nicht wahrnehmen und nachempfinden konnten.

Eine 85-jährige Dame, die ich mehrere Monate im Hospiz begleitete, sagte die letzten Tage ihres Lebens gar nichts mehr. In den letzten drei Lebenstagen saß ich dann öfter gemeinsam mit ihrer Tochter an ihrem Bett. Plötzlich öffnete sie die Augen – die sonst fest geschlossen waren – und sagte klar und verständlich: „Mama, da bist du ja", und zu unserem weiteren Erstaunen streckte sie eine Hand aus. Ihre Tochter lächelte und sagte: „Mama, deine Mutter ist doch schon lange tot, du phantasierst."

Angehörige und Begleiter sollten in solchen Situationen realisieren, dass die Wahrnehmungen sehr weit auseinanderdriften. Der Körper des Sterbenden ist zwar noch da, sein Geist und seine Seele befinden sich aber teilweise bereits in Regionen, zu denen diejenigen, die Sterbende begleiten, selbst keinen Zugang haben. Verunsicherung und Unverständnis sind die Folge davon, dass die Wahrnehmung des Sterbenden mit der Wahrnehmung des Angehörigen oder des Begleiters nicht zur Deckung zu bringen ist. Man ist an einer Grenze gemeinsamen Erlebens angekommen und fühlt sich als Angehöriger oder Begleiter außen vor.

10. Erschwerte Kommunikation bei Demenz

Auch ohne Worte kommunizieren wir miteinander. Der Kommunikationsforscher Paul Watzlawick prägte einen wichtigen Satz: „Man kann nicht nicht kommunizieren."

Dies bedeutet, dass wir anderen Menschen auch dann, wenn wir keine Worte verwenden, über unser Verhalten und nonverbale Ausdrucksmittel wie z. B. Gesten oder Mimik Informationen senden. In der Begleitung von Demenzerkrankten ist diese nonverbale Kommunikation fast die einzige Möglichkeit, Zugang zu finden, weil die sprachliche Ausdrucksfähigkeit durch den Verlust des Sprachverständnisses infolge der fortschreitenden Erkrankung immer mehr verloren geht.

Kommunikation mit sterbenden, demenziell erkrankten Menschen erfolgt unter erschwerten Bedingungen. David Sieveking beschreibt in seinem Film und Buch *Vergiss mein nicht*[16] berührend, wie er die fortschreitende Demenz seiner Mutter erlebte, aber auch, wie der Abschiedsprozess von seiner Mutter zu einer größeren Nähe in der Familie führte. Im Jahr 2013 wurde Sievekings Film als bester Dokumentarfilm in Deutschland ausgezeichnet. Der Autor fordert mit seinem Buch und Film Angehörige zur Neuorientierung auf, die Krankheit auch als Chance wahrzunehmen.

„Wie wenig wusste ich, wie Leben mit Demenz zu Ende geht", stellt Sieveking fest und – wie schwierig es ist, den mutmaßlichen Willen eines Angehörigen, der sich nicht mehr selbst mitteilen kann, zu ermitteln, um für ihn entscheiden zu können.

David Sieveking hat in der Begleitung seiner an Demenz erkrankten Mutter erfahren, wie herausfordernd eine Begleitung für Angehörige sein kann, wenn sie demenzkranken Sterbenden die Geborgenheit zu geben versuchen, die sie brauchen.

Nach einer meist langen Zeit der Pflege tritt der Demenzkranke schließlich in den Sterbeprozess ein. Beim Sterben sehnen sich Demenzkranke immer noch nach einer geschützten Atmosphäre, auch wenn sie diesen Wunsch nicht verbal äußern können. Im Sterbeprozess brauchen Demenzkranke vor allem viel Körperkontakt.

Die Begegnung mit sterbenden Demenzerkrankten löst häufig Hilf- und Sprachlosigkeit aus. Pflegende und Begleitende stehen dann oft vor der Frage: „Was können wir noch tun? Wie können wir einen Sterbenden auf seinem letzten Weg angemessen begleiten?"

Mit *Basaler Stimulation* können Pflegende und Begleitende Befangenheit und Unsicherheit überwinden. Sie lassen Hände sprechen, wo die Sprache verstummt.

Basale Stimulation versucht in Anlehnung an früh entwickelte Erlebens- und Kommunikationsformen mit den Betroffenen in Kontakt zu treten und diesen aufrechtzuerhalten bzw. zu erweitern. Das Konzept geht davon aus, dass ein Mensch, solange er lebt, auf elementare Sinnes- und Kommunikationssysteme zurückgreifen kann. Zugangsmöglichkeiten bieten die unterschiedlichen Wahrnehmungsbereiche, die einem Menschen zur Verfügung stehen. Es zeigt sich, dass sich menschliche Kommunikation nicht auf den kognitiv-verbalen Austausch einengen lässt. Vielmehr rückt Basale Stimulation die Verständigung durch körpersprachliche Ausdrucksweisen in den Fokus.[17]

Basale Stimulation ist *nonverbale Kommunikation* und wird bei Komapatienten, Demenzerkrankten und Sterbenden eingesetzt. Die Basale Stimulation in der Pflege hilft schwer beeinträchtigten Menschen dabei sich, über die Kommunikation mit Worten hinaus, durch körperbezogene Kommunikation zu verständigen.

Basale Stimulation als „Kommunikation ohne Worte" ist im Umgang mit Demenzerkrankten besonders wichtig, denn es ist erwiesen, dass die emotionale Wahrnehmung trotz der Abnahme der kognitiven Fähigkeiten weitestgehend erhalten bleibt. So reagieren Menschen mit Demenz intuitiv und spontan auf Situationen, die sie kognitiv zwar nicht mehr adäquat erfassen können, die sie aber dennoch emotional erreichen.

Basale Stimulation ist besonders bei sterbenden Menschen mit Demenz wichtig, die in ihrer letzten Lebensphase meist völlig in ihrer eigenen Welt leben. Deswegen stellt eine Sterbebegleitung von Menschen mit Demenz oft eine besondere Herausforderung dar. Nur selten lässt sich die Sterbephase auf einen überschaubaren Zeitraum eingrenzen. Häufig weicht der für an Demenz Erkrankte typische Bewegungsdrang in der Sterbephase einer inneren Ruhe. Die Erkrankten ziehen sich in sich zurück und nehmen von sich aus nur noch wenig an dem Geschehen um sie herum teil.

Demenzerkrankte sind in ihrer letzten Lebensphase mehr als bisher auf Begleitung und Zuwendung angewiesen. In dieser Phase brauchen sie einfühlsame Angehörige und Begleiter, die aus der Gestik, Mimik und Lautäußerungen die Bedürfnisse und Wünsche erkennen und interpretieren können.

Sie brauchen Menschen, die sie auch wortlos verstehen und sich auf ihre persönliche Art der Ausdrucksweise einlassen. Durch den Körperkontakt vermitteln Angehörige, Pflegende und Begleiter dem Sterbenden ein Gefühl von Geborgenheit und Sicherheit, denn durch Berührungen werden tiefere Schichten im Stammhirn aktiviert. Sie werden dort aufgenommen und in Erlebnisse umgesetzt. Aber nicht jedem Sterbenden sind Berührungen angenehm.

11. Spirituelle Begleitung: Trost- und Kraftquellen erschließen

Sterbende und ihre Angehörige befinden sich in einer Grenzsituation ihres Lebens. Sie betreten Neuland und können auf keine ihrer bisherigen Lebenserfahrungen zurückgreifen. Das verunsichert und ängstigt, und deshalb brauchen Sterbende, aber auch begleitende Angehörige in dieser Situation Beistand und Trost.

Erspüren Sie, ob der Sterbende, den Sie begleiten, einen Seelsorger wünscht, um ein seelsorgliches Gespräch zu führen, evtl. zu beichten, das Sakrament der Krankensalbung oder die Kommunion zu empfangen.

Wenn Sprechen nicht mehr möglich ist, kann Musik zur Kraft- und Trostquelle werden. Viele Menschen fühlen sich getragen durch die Kraft der Musik, die mehr auszudrücken vermag, als Worte es imstande sind.

Man sagt, dass Musik eine Zuflucht ist. Sie eröffnet neue Wege zur Verständigung, denn sie kann ausdrücken, wofür es schwer ist, Worte zu finden. Musik kann Emotionen und Erinnerungen auslösen und Balsam für die Seele sein, denn sie mobilisiert das Gehirn und produziert Glückshormone. Kein Wunder, dass Musik heute in der Medizin auch als therapeutisches Hilfsmittel eingesetzt wird.

Linda, 53, ambulante Sterbebegleiterin:

Eine Frau, der ich bei den regelmäßigen Besuchen immer CDs mitgebracht habe, äußerte sich kurz vor ihrem Tod: „Wenn ich diese wunderbare Musik höre, bin ich so herrlich beruhigt und in völliger Harmonie." Dieses Gefühl von innerer Ruhe wünschen sich meiner Erfahrung nach die meisten Menschen beim Übergang vom Leben zum Tod. Mit Musik kann dies erfahren werden, weil Musik in besonderer Weise emotional anzusprechen vermag. Musik beruhigt, die Atmung wird gleichmäßiger und die Gesichtszüge entspannen sich. Auch die Angehörigen profitieren von der tröstenden Wirkung der Musik.

Vielfach werden auch Klangschalen als höchst wirksame Entspannungsmethode in der Sterbebegleitung eingesetzt. Klangschalen verschiedener Größen werden auf den Körper gelegt und mit einem Klöppel angeschlagen. Die so erzeugten unterschiedlichen harmonischen Schwingungen durchdringen den ganzen Körper und wirken bis tief in die Zellen hinein.

Ebenso wie das Gespräch, die Musik und Klangschalenarbeit ist *Spiritualität* in der Begleitung Sterbender von großer Bedeutung. Im Angesicht des Todes werden bei allen Beteiligten Gefühle ausgelöst und Denkprozesse angestoßen, die sich sowohl mit der Tatsache der eigenen Vergänglichkeit als auch mit Fragen der individuellen Glaubensvorstellungen beschäftigen. Hier bieten die unterschiedlichen kulturell bedingten religiösen und weltanschaulichen Konzepte den Rahmen, um Trost zu erfahren. Überall in der Welt findet man Rituale, die den „Übergang" begleiten, und die unterschiedlichsten Vorstellungen von einem Weiterexistieren an einem anderen jenseitigen Ort, dem Paradies, Nirwana oder durch Reinkarnation im Diesseits, in einer neuen Erscheinungsform.

Spiritueller Beistand kann Sterbenden bei den letzten wichtigen Fragen nach dem Sinn des Lebens, des Todes, des Sterbens und nach dem Danach eine Unterstützung sein. Die Auseinandersetzung mit diesen Fragen ist auch für Angehörige, Ehrenamtlichen und Hauptamtlichen in der Hospizarbeit und Palliativversorgung, die Schwerstkranke begleiten, von großer Bedeutung.

Spirituelle Kräfte bezog eine alte Frau, die ich begleitete, aus folgender Bachkantate, die sie immer wieder hören wollte und die ihr tiefes *Gottvertrauen* offenbarte:

Was Gott tut, das ist wohlgetan!
Es bleibt gerecht sein Wille;
Wie er fängt meine Sachen an,
Will ich ihm halten stille.
Er ist mein Gott, der in der Not
Mich wohl weiß zu erhalten,
Drum lass' ich ihn nur walten.[18]

Gerade in Zeiten von Krankheit, Leid, Trauer, Einsamkeit, Sorgen, Verzweiflung kann für gläubige Menschen auch das *Gebet* Kraft und Zuversicht schenken. Der Glaube, dass niemand tiefer fallen kann als in Gottes Hand, spendet Trost und Kraft. Selbst bei dem romantischen Dichter Rainer Maria Rilke taucht in seinem Gedicht *Herbst* diese Metapher auf: „Und doch ist einer, der dies Fallen unendlich sanft in seinen Händen hält."

Siegmar, 68:

Ich kam einmal zu einem stark im christlichen Glauben verwurzelten Ehepaar. Der Mann war schwer krank und ans Bett gefesselt. Wir konnten uns aber noch gut unterhalten. Er hatte überhaupt keine Angst vor dem Tod, weil das Leben nach dem Tod für ihn eine Gewissheit war. Nur das Sterben beunruhigte ihn, die Schmerzen. Sein unerschütterlicher Glaube war für mich selbst als ehemaligen Religionslehrer faszinierend.

Verschiedene Diözesen der katholischen Kirche haben als Trostritual den *Sterbesegen* eingeführt, der im Kreis von Angehörigen und Freunden würdig und bewusst gestaltet werden kann. Dazu gehören das gemeinsame Beten und Zeiten der Stille ebenso wie Lesen in der Bibel.

Der Sterbesegen kann von Seelsorgern und Laien zu Hause, in Kliniken, Altenheimen oder Hospizen erteilt werden, denn wo Worte fehlen, können Rituale helfen. Es geht beim Sterbesegen darum, gläubigen Sterbenden zu helfen, die Unausweichlichkeit des Todes und den Abschiedsschmerz auszuhalten und ihm bis zuletzt nahe zu sein. Nach der Beobachtung von Klinikseelsorgern ist die Sehnsucht nach spirituellem Beistand in der Sterbestunde ungebrochen.

Spuren im Sand[19]

Eines Nachts hatte ich einen Traum:
Ich ging am Meer entlang mit meinem Herrn.
Vor dem dunklen Nachthimmel
erstrahlten, Streiflichtern gleich,
Bilder aus meinem Leben.
Und jedes Mal sah ich zwei Fußspuren im Sand,
meine eigene und die meines Herrn.

Als das letzte Bild an meinen Augen
vorübergezogen war, blickte ich zurück.
Ich erschrak, als ich entdeckte,
dass an vielen Stellen meines Lebensweges
nur eine Spur zu sehen war.
Und das waren gerade die schwersten
Zeiten meines Lebens.

Besorgt fragte ich den Herrn:
„Herr, als ich anfing, dir nachzufolgen,
da hast du mir versprochen,
auf allen Wegen bei mir zu sein.

Aber jetzt entdecke ich,
dass in den schwersten Zeiten meines Lebens
nur eine Spur im Sand zu sehen ist.
Warum hast du mich allein gelassen,
als ich dich am meisten brauchte?"

Da antwortete er: „Mein liebes Kind,
ich liebe dich und werde dich nie allein lassen,
erst recht nicht in Nöten und Schwierigkeiten.
Dort, wo du nur eine Spur gesehen hast,
da habe ich dich getragen."

III. Organisatorische Voraussetzungen einer Sterbebegleitung

1. Sterbebegleitung zu Hause

Es ist ein Akt der Selbstbestimmung, die letzten Tage oder Wochen in vertrauter Umgebung zu verbringen. Um Angehörigen das Sterben zu Hause zu ermöglichen, sollten sich alle im Vorfeld bewusst machen, was dies für alle Beteiligten bedeutet: eine vollständige Veränderung des Alltags, belastende, aber auch schöne Erfahrungen und die persönliche Auseinandersetzung mit Abschied und der Endlichkeit des eigenen Lebens.

Helmut Schmidt und Helmut Kohl starben so, wie es sich 80 % der Deutschen wünschen: bis zum Lebensende in den eigenen vier Wänden zu bleiben. Wenn Ärzte, Familie und Pfleger(innen) zusammenspielen, ist ein Tod in vertrauter Umgebung möglich.

Früher, als noch mehrere Generationen einer Familie zusammenlebten, war es normal, zu Hause zu sterben. Die Familie versorgte und begleitete den sterbenskranken Angehörigen, bis es zu Ende ging. Heute ist das Sterben zu Hause eher die Ausnahme. Nur 20 % erleben ihr Ende in den eigenen vier Wänden.

Im Gegensatz zu den früheren Großfamilien ist in Zeiten der Kleinfamilie oft kein Familienmitglied in der Lage oder bereit, die Verantwortung für die Betreuung eines Schwerkranken zu Hause zu übernehmen. Trotz Pflegeversicherung ist der Verdienstausfall im Falle einer häuslichen Pflege für viele nicht zu kompensieren. Darüber hinaus steigt die Anzahl von Menschen, die keine Angehörigen mehr haben.

Wenn todkranke Menschen zum Sterben nach Hause wollen, sollte dem nichts entgegenstehen.

Seit 2007 garantiert ein Gesetz, dass jeder unheilbar Kranke zu Hause palliativ von ambulanten Pflegediensten mit entsprechend ausgebildetem Personal bis zum Tod betreut werden kann. In der Praxis ist das Sterben in vertrauter Umgebung aber nur dann möglich, wenn *Angehörige* sich um Schwerstkranke kümmern. Sie sind es, die eine „Rund-um-die Uhr-Betreuung" leisten, denn Palliativdienste, deren Leistungen die gesetzlichen Krankenkassen übernehmen, können nicht Tag und Nacht einen einzigen Schwerkranken umsorgen. (s. u. S. 103.)

Es ist Aufgabe von Familie und eventuell guten Freunden, am Bett eines Sterbenskranken zu wachen oder im Akutfall sofort da zu sein. Der Tod zu Hause ist selten, es sei denn, er kommt plötzlich und unerwartet – so schnell, dass für eine Verlegung in die Klinik keine Zeit mehr bleibt.

Sofern ein funktionierendes Familiennetzwerk zur Verfügung steht, ist Sterben zu Hause mit Unterstützung von Pflege- und Palliativdiensten möglich.

Wer die Pflege eines Sterbenden zu Hause in Betracht zieht, sollte folgende Fragen klären und mit „ja" beantworten können bzw. folgende Hinweise befolgen:

- Hat der Sterbende wirklich den Wunsch, zu Hause zu sterben? Weiß der Sterbende um sein nahes Lebensende und werden keine verlängernden Maßnahmen mehr gewünscht, die einer klinischen Überwachung bedürfen? – Befindet sich im Haushalt eine Person, die die Verantwortung für die Versorgung übernehmen kann?
- Haben sich der Sterbende und seine Angehörigen für eine Sterbepflege zu Hause entschieden, sollten sie überlegen, welche unterstützenden Hilfen benötigt werden und wo diese zu bekommen sind. Unterstützungsmöglichkeiten zu kennen und zu nutzen trägt mit dazu bei, dass der Sterbende sein Leben würdevoll und gut umsorgt zu Hause beenden kann.
- Kontakt zum Krankenhausarzt aufnehmen, um die anstehende Entlassung zu besprechen.
- Kontakt zum Krankenhaus-Sozialdienst oder zur Patientenüberleitung im Krankenhaus aufnehmen. Hier werden Sie über alle Fragen der Sicherung der häuslichen Situation beraten. Darüber hinaus kann hier bereits der Kontakt zu einem Pflegedienst vermitteln werden.
- Einen geeigneten Pflegedienst suchen, der die erforderliche Unterstützung bei der Pflege des Sterbenden leisten kann.

- Kontakt zum Hausarzt aufnehmen oder einen geeigneten Arzt suchen, der zu regelmäßigen Hausbesuchen bereit ist und die erforderliche Schmerztherapie durchführt. Wenn möglich, kann die Versorgung durch einen Palliativmediziner, z. B. einen SAPV-Arzt (Spezialisierte Ambulante Palliativ Versorgung), übernommen werden.
- Damit sich der Sterbende zu Hause fühlen kann, bedarf es keines sterilen Krankenzimmers. Am besten geeignet ist das Wohnzimmer. Hier kann der Sterbende noch aktiv am Geschehen teilhaben. Zur guten Ausstattung gehört ein geeignetes Bett (evtl. ein von der Krankenkasse geliehenes Pflegebett), an das man von allen Seiten bei der Pflege herantreten kann, und ein Beistelltisch zum Unterbringen aller notwendigen Gegenstände.

Entscheiden sich Angehörige, einen Sterbenden aus dem Krankenhaus nach Hause zu holen, machen sie manchmal die schmerzliche Erfahrung, dass sich Freunde, Bekannte, Nachbarn und Familienmitglieder zurückziehen. Die Nahestehenden können sich dann nach kurzer Zeit in Isolation befinden, obwohl sie gerade jetzt die Hilfe und Unterstützung ihrer Mitmenschen besonders nötig hätten. Dieser Rückzug zeigt, dass unsere Gesellschaft im Umgang mit Sterben unsicher ist.

Die Sprach- und Hilflosigkeit der Umwelt zu durchbrechen gelingt noch am ehesten den Betroffenen selbst. So schwer es auch sein mag: In der Regel müssen die Nahestehenden von sich aus den ersten Schritt auf die anderen Menschen tun. Gelingt dies, wird meistens die Erfahrung gemacht, dass Mitmenschen zu Hilfe und Unterstützung bereit sind. Bitten Sie also ganz gezielt um Unterstützung, z. B. während einer Besorgung beim Kranken zu bleiben oder Einkäufe stellvertretend zu erledigen.

Damit ein Leben bis zuletzt in der vertrauten Umgebung ermöglicht werden kann, ist ein *Versorgungsnetzwerk* erforderlich, in dem alle in der Hospiz- und Palliativversorgung relevanten ambulanten und stationären Angebote sowie die verschiedenen Berufsgruppen eng zusammenarbeiten. Die Organisation eines solchen Netzwerkes, das mit seinen palliativmedizinischen, palliativpflegerischen, psychosozialen und spirituellen Angebot dem ganzheitlichen Ansatz der Betroffenen Rechnung trägt, zählt zu den zentralen Aufgaben der *ambulanten Hospizdienste.* (vgl. u. S. 104: Sterbebegleitung im stationären Hospiz)

Ambulante Hospizdienste, die bestimmte Voraussetzungen erfüllen, erhalten für die hauptamtlichen Koordinierungskräfte eine *Förderung durch die Gesetzliche Krankenversicherung (GKV) nach § 39a, Abs. 2 SGB V.* Die dadurch nicht gedeckten Kosten des ambulanten Hospizdienstes erbringt der Träger durch Spenden. Für Sterbende sind die Leistungen der ambulanten Hospizdienste kostenfrei.

Wesentliches Merkmal der *ambulanten Hospizarbeit* ist der Dienst ehrenamtlicher Mitarbeiterinnen und Mitarbeiter. In der psychosozialen Begleitung der Betroffenen übernehmen Ehrenamtliche vielfältige Aufgaben. Durch ihre Arbeit leisten sie nicht nur einen unverzichtbaren Beitrag in der Begleitung Sterbender, sondern tragen wesentlich dazu bei, dass sich in unserer Gesellschaft ein Wandel im Umgang mit schwerstkranken und sterbenden Menschen vollzieht.

2. Sterbebegleitung im stationären Hospiz

Sterbende, die sich selbst um eine ambulante Hospizbegleitung oder um die Aufnahme in ein Hospiz bemühen, wissen über ihren Zustand Bescheid, wissen, dass ihr Leben sehr befristet ist und dass ihnen nur noch Tage oder wenige Wochen bleiben. Oft betrachten sie den Tod dann nicht mehr als Feind, kämpfen nicht mehr gegen ihre Krankheit an, sondern lassen somit das Sterben als eine letzte Lebensphase zu. Wenn Sterbende ihre Realität nicht mehr verdrängen, ist es möglich, einander in aller Offenheit zu begegnen. Diese Akzeptanz des unausweichlichen Lebensendes führt zu Authentizität, Gelassenheit und inneren Frieden.

Hospize sind Einrichtungen, die auf die letzte Lebensphase schwerkranker Menschen ausgerichtet sind und ein begleitetes Sterben in Geborgenheit zu ermöglichen. Heutzutage gibt es *ambulante, teilstationäre* und *stationäre* Hospize. Ein zentrales Anliegen hospizlicher Begleitung besteht darin, sterbenskranken Menschen ein würdiges Lebensende, am besten in der gewohnten häuslichen Umgebung, zu ermöglichen und darüber hinaus den Angehörigen unterstützend zur Seite zu stehen. Ein weiteres Hauptanliegen der Hospizidee ist es, die persönliche und gesellschaftliche Auseinandersetzung mit Sterben, Tod und Trauer zu fördern und Sterben, Tod und Trauer in das Leben zu integrieren.

Der Hospizgedanke breitete sich über Großbritannien und die USA auch bei uns aus und führte zu einer deutlichen Trendwende im Umgang mit sterbenden Menschen. Der menschenwürdige Umgang mit Sterbenden wurde vor allem durch die Psychiaterin Elisabeth Kübler-Ross und die englische Ärztin Cicely Saunders eingeleitet. Cicely Saunders gründete 1967 ein Haus für sterbende Menschen, das sie als „Hospiz" bezeichnete. Damit setzte sie einen Impuls, der eine weltweite Bewegung anstieß: die Hospizbewegung.

Ein großes Anliegen der Hospizbewegung besteht darin, austherapierte Kranke, bei denen es nur noch darum geht, durch Palliativtherapie Schmerzen zu bekämpfen, liebevoll auf ihrer letzten Wegstrecke zu begleiten, für sie da zu sein, mit ihnen Verlust, Abschied und Trauer zu verarbeiten, ihnen Geborgenheit zu geben und ihnen die letzten Tage oder Wochen ihres Lebens Lebensqualität und Lebensfreude zu schenken.

Grundsätzlich können Sterbende und deren Angehörige sich zwischen verschiedenen Angeboten entscheiden:

Ambulante Hospiz-Dienste

Hierbei handelt es sich um eine nach wie vor wesentlich von ehrenamtlichen Helferinnen und Helfern getragene Arbeit, die sorgfältig geschult werden, kontinuierliche Supervision (vgl. S. 136: „Fortbildung durch Supervisionen und Workshops") erhalten und deren Tätigkeit von hauptamtlichen Kräften koordiniert wird. Sie stellen nach wie vor die Basis der Hospizarbeit dar. Ihr Angebot besteht im Idealfall aus einer intensiven psychosozialen Begleitung betroffener Familien (einschließlich einer 24-Stunden-Rufbereitschaft) sowie sorgfältiger Beachtung des körperlichen Befindens und der Fähigkeit, fachkundige Hilfe für die palliativ-medizinische Betreuung hinzuzuziehen. Solche Palliative-Care-Teams sind spezialisierte Pflegedienste, die in Zusammenarbeit mit Hausärzten und Ambulanten Hospizdiensten kooperieren und deren palliativ-medizinische Versorgung es dem Schwerstkranken ermöglichen, zu Hause zu sterben.

Stationäre Hospiz-Einrichtungen

Stationäre Hospize sind meist kleine Betteneinheiten, die ohne Anbindung an eine größere Institution arbeiten und von einer speziell in Palliative Care ausgebildeten Pflegekraft geleitet werden. In enger Kooperation mit freiwilligen Helferinnen und Helfern und einem fachkundigen Hausarzt pflegen und behandeln sie Menschen, deren Lebensspanne nur noch Tage oder Wochen beträgt.

Zu den stationären Hospiz-Einrichtungen gehören auch *Palliativstationen* in Krankenhäusern oder Kliniken. Auf der Station sind neben den Pflegekräften fest angestellte Ärzte tätig. Mit der Palliativstation kommen lebensbedrohlich kranke Menschen mit schwerwiegenden Beschwerden meist schon zu einem früheren Zeitpunkt ihrer Erkrankung in Berührung, auch wenn noch Behandlungsmaßnahmen zur Heilung oder wenigstens Lebensverlängerung geplant sind. Ziel ist es, in erster Linie körperliche Beschwerden zu lindern.

Im Bereich der stationären Hospizbegleitung habe ich aufgrund einer dreijährigen ehrenamtlichen Hospizarbeit eigene Erfahrungen.

Tageshospiz

Teilstationäre Hospizarbeit in einem Tageshospiz bietet eine Ergänzung zur ambulanten Hospizarbeit. Schwerstkranke können hier tagsüber Aufnahme finden. Durch zusätzliche Angebote wird der Gefahr sozialer Isolation entgegengewirkt. Auf diese Weise finden auch pflegende Angehörigen und Freunde Entlastung.

Kinderhospize

Ein Kinderhospiz umfasst ambulante und stationäre Einrichtungen für unheilbar erkrankte Kinder und deren Eltern und Geschwister.

Durch die häufig intensive Pflege des Kindes kommen im Alltag die Entlastung der Eltern und die Zuwendung an die Geschwister zu kurz. In einem stationären Kinderhospiz werden Eltern für eine begrenzte Zeit von der Pflege entlastet, während ihre schwerkranken Kinder von erfahrenen Kinderkrankenschwestern und -pflegern des Hospizes betreut werden.

Nach Angaben der Stiftung dauert eine durchschnittliche Sterbebegleitung im stationären Hospiz 18 Tage. In sehr seltenen Fällen handelt es sich um Monate.

3. Sterbebegleitung im Krankenhaus

Wenn zu Hause keine 24-Stunden-Betreuung möglich ist und auch kein stationärer Hospizplatz gefunden werden konnte, der die Versorgung eines austherapierten Schwerstkranken gewährleistet, und nur noch Palliativbehandlung (Schmerztherapie) möglich ist, wird der Kranke auf eine *Palliativstation* des Krankenhauses oder der Klinik verlegt. Dort wird nicht mehr therapiert, sondern es geht um Symptom- bzw. Schmerzkontrolle. Die Umgebung ist dort ebenso wohnlich und gemütlich ausgestattet wie im Hospiz. Im Gegensatz zum Hospiz arbeiten Ärzte und Pfleger dort aber nach einem klinischen Personalschlüssel, der das Personal oft an die Belastungsgrenze führt. Aber auch im Krankenhaus findet Sterbebegleitung statt, die von ambulanten Hospizdiensten übernommen wird.

4. Sterbebegleitung im Pflegeheim

Unsere Lebenserwartung hat sich extrem verlängert, die Mediziner haben die akuten Infektionserkrankungen in den Griff bekommen, wir werden alt und in den letzten Lebensjahren mit gewisser Wahrscheinlichkeit hilfsbedürftig. Weil die Lebenserwartung durch medizinischen Fortschritt auch weiter steigen wird, nicht aber zu erwarten ist, dass alle hochbetagten Menschen rüstig und autonom bis an ihr Lebensende sein werden, wird es künftig auch zur Realität gehören, dass immer mehr Menschen ihre letzte Lebensphase in *Pflegeeinrichtungen* verbringen und dort auch sterben werden.

Belegt wird in dem Buch von Wolfgang George, *Sterben in stationären Pflegeeinrichtungen – Situationsbeschreibung, Zusammenhänge, Empfehlungen*[20], dass rund 2,4 Millionen Menschen derzeit in Deutschland pflegebedürftig sind und dass es im Jahr 2030 etwa 3,5 Millionen sein werden. Der Trend zu Verstädterung, zu kleineren Familien und die demografische Entwicklung deuten darauf hin, dass in Zukunft ein Großteil der deutschen Bevölkerung in Pflegeeinrichtungen sterben wird – schon heute sind es ungefähr 40 %. Das wirft Fragen auf: Welche Versorgungs- und Betreuungsqualität der Sterbenden wird dort bislang erreicht? Entlang welcher Zielkriterien und mit welchen Verfahren soll diese weiterentwickelt werden?

Abgesehen von der Steigerung der Lebenserwartung hat sich das soziale Leben verändert: Autonomie und Allein-Leben, Geschwindigkeit und Mobilität, Beziehungen aufgrund persönlicher Attraktivität oder aufgrund von Dienstleistungen anstelle von Verpflichtungen bestimmen unser soziales Leben. Diese beiden Entwicklungen haben einen Raum hervorgebracht, in dem die hinfälligen, nicht mehr selbstständigen Menschen, die aus unseren gesellschaftlichen Funktionszusammenhängen herausgefallen sind, versorgt und behütet, aber auch abgesondert und ruhiggestellt werden.

Obwohl sich Pflegeheime darum bemühen, sterbende Bewohner bestmöglich zu versorgen, sei es, laut Eugen Brysch vom Stiftungsvorstand Patientenschutz, leider traurige Realität, dass es nicht nur in der Medizin, sondern auch am Sterbebett eine Zwei-Klassen-Gesellschaft gebe.[21]

Ich selbst weiß aus eigener Erfahrung, dass es Situationen geben kann, in denen ein *Altenpflegeheim* notwendig wird, wenn alte Menschen nicht mehr allein leben können und es keine Möglichkeit zur häuslichen Pflege gibt.

Leider ist es denjenigen, die bereits längere Zeit als Pflegebedürftige mit Pflegestufe in einer Pflegeeinrichtung gelebt haben, von dort aus nicht möglich, in ein Hospiz wechseln zu können, das finanziell und personell erheblich besser ausgestattet ist. Hospize erhalten von den Kassen für die Betreuung Sterbender 255 Euro am Tag, Pflegeheime maximal 54 Euro. Die Deutsche Stiftung Patientenschutz kämpft dafür, dass das Zwei-Klassen-System abgeschafft wird. Der permanente Zeitdruck durch einen unzureichenden Personalschlüssel macht Sterbebegleitung in Pflegeheimen extrem schwierig. Das belastet auch das Personal, das gern mehr Zuwendung geben möchte. Hinzu kommt, dass immer mehr Demenzkranke betreut und beim Sterben begleitet werden müssen – trotz hohen Zeitdrucks und akuten Personalmangels.

Wie sehr auch die Pflegekräfte in Altenpflegeeinrichtungen darunter leiden, dass ihr Anspruch und die Realität so weit auseinanderklaffen, zeigt sich auch in Äußerungen bei Coachings und Workshops. Hier einige Stimmen, die das Dilemma beschreiben:

Laura, 31:

Eigentlich sollte ich als Altenpflegehelferin damit rechnen, dass Menschen, die im Altenpflegeheim leben, sterben werden. Das sagen mir der gesunde Menschenverstand und die Erfahrung. Abschiednehmen gehörte schon immer zum Alltag in Pflegeeinrichtungen, doch noch nie war die Situation so dramatisch: Die Bewohner wechseln häufiger als früher, infolgedessen gibt es mehr Todesfälle. In unserer Einrichtung starben im vergangenen Jahr 65 Menschen. Das ist im Durchschnitt mehr als ein Bewohner pro Woche.

Viele Pflegeheime bewegen sich längst im Hospiz- und Palliativbereich, sind aber selten darauf eingestellt – auch, weil die Gelder aus den Pflege- und Krankenkassen knapp und viel geringer bemessen sind als die für Palliativstationen und Hospize.

Alex, 38:

Meist wird die Sterbebegleitung in Heimen – wenn überhaupt – von uns Pflegekräften als Mehrarbeit mitgeleistet, indem wir beispielsweise nach dem Dienst länger bleiben. Häufig findet aufgrund der Personalknappheit aber auch überhaupt keine adäquate Begleitung Sterbender statt. Der zuständige Nachtpfleger bzw. die Nachtpflegerin bekommt die Anweisung, beim Sterbenden häufiger reinzuschauen.

Isabel, 19:

In dem halben Jahr, in dem ich mein Praktikum absolvierte, ist die Hälfte der Bewohner verstorben. Besonders berührt hat mich eine sehr liebe alte Dame, die Darmkrebs im Endstadium hatte. An einem Sonntag hatten wir zu dritt Dienst für vierzig Bewohner. Eine Altenpflegerin, ein Pflegehelfer und ich als Praktikantin. Der Pflegehelfer war bis 11 Uhr damit beschäftigt, das Frühstück zu richten und zu verteilen sowie das Geschirr einzusammeln. Zu zweit haben wir die Pflege gemacht.

Die Bewohnerin, Frau X, hatte starke Schmerzen, aber die zuständige examinierte Altenpflegerin hatte keine Zeit, sich um sie zu kümmern. Als ich nach der Bewohnerin sah, hatte man ihr die Tropfen zur Schmerzbekämpfung auf ihren Nachttisch gestellt, statt sie ihr zu reichen. Ich gab Frau X die Tropfen. Zwischen der Versorgung der anderen Bewohner ging ich immer wieder zu Frau X, die trotz der Tropfen unter starken Schmerzen litt. Mittags wollte Frau X nichts essen, sie trank nur ein wenig. Bevor ich nach Hause ging, war ich noch mal bei Frau X und saß eine Zeitlang an ihrem Bett. Als ich zwei Tage später wieder Dienst hatte, schaute ich zuerst in das Zimmer von Frau X. Es war leer. Auf meine Nachfrage, was passiert sei, wurde mir gesagt, dass Frau X ins Krankenhaus eingeliefert worden und einen Tag später dort verstorben ist.

Konkret fordern die Patientenschützer einen *Rechtsanspruch auf professionelle Sterbebegleitung in Pflegeheimen*, wie es in Hospizen Standard ist. Dazu gehören: Examinierte Pflegekräfte mit Palliativ-Ausbildung, Therapeuten, eigene Schmerzapotheke, psychosoziale Begleitung und ein Netzwerk von Palliativmedizinern. Die Hospizversorgung in Pflegeheimen muss aus Sicht der Deutschen Stiftung Patientenschutz deutlich ausgebaut werden.

Obwohl sich die meisten Sterbenden wünschen, zu Hause in ihrer vertrauten Umgebung zu sterben, ist das nicht immer möglich, weil keine Unterstützung durch die Familie – aus welchen Gründen auch immer – geleistet werden kann.

Laut der Stiftung Patientenschutz werden fast 30 % der arbeits- und kostenintensiven Sterbenskranken in den letzten Tagen noch vom Pflegeheim ins Krankenhaus verlegt. Auch dieser „Verschiebetourismus" Sterbender in andere Verantwortlichkeitsbereiche ist unwürdig und unzumutbar.

IV. Motivation der Begleiter und ihre Qualifikation

1. Die Motivation

Was motiviert Sterbebegleiter, Schwerstkranke, Sterbende und Trauernde zu begleiten? Obwohl Sterbebegleitung keine leichte Aufgabe ist, gibt es viele Interessenten für ein Ehrenamt in diesem Bereich.

Die Motive, sich der Begleitung Sterbender zuzuwenden, können so vielschichtig sein, wie die Menschen, die sich für diese Aufgabe entscheiden.

Großes Interesse an Menschen und deren Biografien kann Motivation sein, sich ehrenamtlich in der Begleitung schwerkranker und sterbender Menschen einzubringen, denn dort erhalten Begleiter Einblicke in vielfältige Lebensentwürfe und in das, was am Ende wirklich wichtig ist.

Vielfach suchen auch geschiedene, verwitwete oder berentete Menschen eine Neuorientierung und eine Aufgabe, die sie fordert und bei der sie für sich selbst Entwicklungspotenzial entdecken – und Demut vor dem Leben und Demut vor dem Sterben lernen.

In der Hospizarbeit, in den Begleitungen von Menschen, die dem Tod näher sind als dem Leben, bietet sich die Möglichkeit, sich intensiv mit dem Tod und mit der eigenen Sterblichkeit, auseinanderzusetzen. Man reflektiert dieses Tabuthema, was am Ende aber auch dazu beitragen kann, eigene Ängste abzubauen.

Zu den bereits genannten Motiven, sich im Ehrenamt, speziell in der Hospizarbeit, zu engagieren, gibt es weitere:

- Konfrontation mit dem Thema aufgrund eigener Trauer- oder Verlusterfahrungen;
- Menschen- oder Nächstenliebe;
- Suchen einer sinnstiftenden Aufgabe;
- das Helfersyndrom;
- Suche nach sozialer Anerkennung;
- Erfüllen eines Vermächtnisses.

Konfrontation mit dem Thema aufgrund eigener Trauer- oder Verlusterfahrungen

Vielfach ist in Schulungen Ehrenamtlicher erkennbar, dass sich viele potenzielle Begleiter(innen) aufgrund eigener Verlust- und Trauererfahrungen zu dieser Tätigkeit hingezogen fühlen. Sie glauben, aufgrund ihres selbst erfahrenen Leids kompetent für Begleitungen zu sein, und spüren selbst nicht, dass gut gemeint nicht gut sein muss. Wer noch unvollendete Trauer in sich trägt, ist zu sehr mit sich selbst beschäftigt und zudem emotional nicht verlässlich, weil es während der eigenen Trauer zu extremen Stimmungsschwankungen kommen kann. Ohne es zu merken, wird man zum „hilflosen Helfer". Hospizleiter sowie Koordinatorinnen und Koordinatoren müssen im Erstgespräch herausfinden, wie belastbar ein Interessent ist. (s. u. S. 123: „Die Ausbildung") Es spricht nichts dagegen, an diversen Ausbildungen teilzunehmen. Es ist aber nicht sinnvoll, einem trauernden Menschen die Verantwortung einer Begleitung zu übertragen. Es gibt viele Tätigkeiten im Hospizbereich, um sich einbringen zu können. Vielleicht ist jemand ein guter Organisator oder sehr geeignet für Öffentlichkeitsarbeit?

Menschen- oder Nächstenliebe

Obwohl die Hospizarbeit überkonfessionell arbeitet, ist Sterbebegleitung Handeln im Sinne eines humanitären oder christlichen Glaubensverständnisses und insofern ein Akt der Nächstenliebe. Für viele derjenigen, die sich in der Hospizarbeit engagieren, ist das Gebot der christlichen Nächstenliebe ein Motiv für ihr Ehrenamt, schwerstkranken und sterbenden Menschen und ihre Angehörigen Beistand zu leisten und sie unterstützen.

Suchen einer sinnstiftenden Aufgabe

Oft sind es Menschen im Ruhestand, die eine neue, sinnstiftende Aufgabe suchen und sich für eine ehrenamtliche Tätigkeit mit Sterbenden interessieren. Einige haben schon Berührung mit dem Tod gehabt und kennen die Hilflosigkeit der Angehörigen. Ein Begleiter, der bereits zehn Jahre ehrenamtlich tätig ist, kommt zu folgender Beurteilung: „Das, was ich jetzt ehrenamtlich tue, scheint oft sinnvoller als das, was ich beruflich getan habe." Aber auch für Menschen, die am Arbeitsplatz zwar ihren Lebensunterhalt verdienen, dabei aber keine tiefere Sinnhaftigkeit erkennen können, kann das Motiv für die Entscheidung, sich ehrenamtlich im Hospiz zu betätigen, Sinnsuche sein. Das Mysterium des Todes ist unergründlich, und doch beschäftigt der Tod mit nicht endenden Fragen und Fantasien die Menschheit. Das ist verständlich, denn der Tod kann gleichzeitig den Sinn des Lebens infrage stellen und dem Leben erst einen Sinn verleihen. Zudem erleben Begleiter durch die Besonderheit der Beziehung oft eine sehr tiefe und herzliche Verbundenheit mit dem Sterbenden. Dieses Erleben ermöglicht es, sich spirituellen Fragen zu nähern. Jemandem mitfühlend zu begegnen kann eine zutiefst sinnstiftende Erfahrung sein, die auch dem eigenen Leben und Dasein eine tiefere Bedeutung gibt.

Barbara, 55:

Ich bin berufstätig, Kauffrau, arbeite den ganzen Tag im Büro. Mir ist es ein seelisches Bedürfnis, nicht nur mit Zahlen und Texten umzugehen, sondern mit Menschen. Ich richte es mir so ein, dass ich meine Besuche abends, nach Feierabend mache. Derzeit mache ich zwei Besuche wöchentlich. Für mich ist das ein selbstbestimmtes Kürprogramm, eine sinnstiftende Aufgabe jenseits dessen, was man täglich alles machen muss.

Das Helfersyndrom

Ein vom Helfersyndrom Betroffener ist jemand, der das altruistische Ideal verinnerlicht hat, nur dann gut zu sein, wenn er uneigennützig anderen, schwächeren, kranken, benachteiligten oder bedürftigen Menschen helfe. Ehrenamtliche Sterbebegleiter geben selbstlos, ohne Erwartung und Entlohnung etwas, indem sie Zeit schenken und da sind. Wird das Helfen aber zum Selbstzweck, weil man sich dann gut fühlt, handelt es sich um das Helfersyndrom und wäre dann für das Ehrenamt Sterbebegleitung das falsche Motiv.

Das Helfen bringt dem Helfer in mehreren Bereichen etwas: Er fühlt sich fähig, sonst würde er nicht helfen können, er fühlt sich gut, sonst würde er ja nicht helfen, er fühlt sich wertvoll – helfen ist edel – und er wird gebraucht, sonst müsste er ja nicht helfen. All das erleichtert es ihm, eigene Lebensängste und Selbstzweifel zu unterdrücken. Wer als Helfer auftritt, rechnet immer mit Lob und Anerkennung. Er hat gelernt, dass sich die Personen, denen er geholfen hat, ihm stets zuwenden und Wertschätzung entgegenbringen. Der Hintergrund liegt hier ganz klar beim Bedürfnis nach Bestätigung des Eigenwertes. Das Motiv des Helfens ist dann egozentrisch.

Das Helfersyndrom schadet nicht nur dem Helfer, der übereifrig ist, keine eigenen Grenzen in Form von Selbstfürsorge beachtet und sich dabei verausgabt. Aufgezwungene Hilfe kann auch Sterbenden schaden, wenn deren Wille und Recht auf Selbstbestimmung missachtet werden.

Suche nach sozialer Anerkennung

In einer Gesellschaft mit mangelnder Anerkennung der geleisteten Berufsarbeit in prekären Arbeitsverhältnissen und dem Gefühl, „abgehängt“ zu sein, wächst in vielen Menschen die Sehnsucht nach sozialer Anerkennung. Ehrenamtlichen ist es wichtig, dass ihr Engagement ernst genommen und gewürdigt wird – und dass sie sich respektiert fühlen. Da das Ehrenamt in unserer Gesellschaft ein hohes Ansehen genießt, garantiert es denen, die sich dort engagieren, Respekt und ein hohes Maß an sozialer Anerkennung als „Entlohnung" ihrer Tätigkeit.

Erfüllen eines Vermächtnisses

Ein Motiv, sich ehrenamtlich zu betätigen, kann auch in einem Auftrag oder Vermächtnis bestehen. Den entscheidenden Impuls, mich auf die Aufgabe der ehrenamtlichen Sterbebegleitung einzulassen, verdanke ich meiner Nachbarin Sabine, die ich acht Monate bis zu ihrem Tod begleitete. Sie erteilte mir einen Auftrag, vielleicht war es auch ein Vermächtnis: „Du kannst das und du musst das tun, denn Menschen, die so krank sind wie ich, brauchen nicht nur Familie, Freunde und Bekannte, sie brauchen eine anonyme Klagemauer, weil sonst zu viel mit ins Grab genommen wird."

2. Anforderungen an Begleiter

Einen sterbenden Menschen in seinen letzten Tagen oder Wochen zu begleiten stellt außerordentliche Anforderungen an Sterbebegleiter. Meist handelt es sich bei den Begleiteten um Menschen, die keine Angehörigen haben, die diese Aufgabe übernehmen können. Nicht selten jedoch wenden sich die Angehörigen selbst an die Sterbebegleiter und ersuchen um Hilfe und Beistand. Weitgehend unbekannt ist die Tatsache, dass sich Sterbebegleiter nicht nur um die sterbenden Menschen kümmern, sondern auch um die Familienangehörigen, wenn das gewünscht wird.

Sterbebegleiter sind nicht für die körperliche Pflege oder den Haushalt zuständig, sondern für die Seele des Sterbenden. Das

Wichtigste in der Sterbebegleitung ist, dass der Begleiter zuverlässig für den Betroffenen da ist. Dabei entsteht ein Vertrauensverhältnis, eine enge Bindung und Beziehung. Sterbebegleiter wird man nicht in einem klassischen Ausbildungsberuf oder in einem Studium. Es ist und bleibt vor allem eine *Berufung*. Eine der wichtigsten Voraussetzungen ist die eigene seelische Stabilität, denn nur ein Mensch, der fest im Leben steht, wird mit den Belastungen dieser Tätigkeit fertig, die die Sterbebegleiter selbst immer wieder an den Rand dessen bringt, was man aushalten kann.

Angehörige und Freunde eines Sterbenden werden fast automatisch zu Sterbebegleitern, da sie ihm am nächsten stehen und oft auch deren Ansprechpartner sind. Allerdings lässt die große Nähe zum Sterbenden oft keine klare Sicht der Dinge zu, die nötige Distanz für bestimmte Entscheidungen ist aufgrund eigener Betroffenheit nicht oder nicht ausreichend vorhanden. Das führt dazu, dass Angehörige und Freunde selbst eine Begleitung benötigen. Im Idealfall gibt es einen oder mehrere Begleiter, die den Sterbenden und sein Umfeld im Blick haben. Das erhöht auch die Chancen auf eine einigermaßen entspannte Atmosphäre, denn nicht selten entbrennt gerade unter Freunden und Verwandten eines Sterbenden eine Art Konkurrenz- oder auch Machtkampf:

- Wer hat das engste Verhältnis zum Kranken;
- wer kennt ihn am besten;
- wer hat das Recht, die meiste Zeit an seiner Seite zu sein;
- wer hat zu bestimmen, was (und wer) gut für den Kranken ist oder wer besteht womöglich darauf, derjenige zu sein, der „beim letzten Atemzug“ dabei ist.

An einen Begleiter, der nicht aus dem persönlichen Umfeld des Schwerkranken stammt, werden bestimmte Erwartungen und Anforderungen gestellt. Um diesen entsprechen zu können, sollte sich dieser Begleiter mit verschiedenen Aspekten auseinandersetzen:

- Er sollte sich selbst mit seinem eigenen Leben und Tod auseinandersetzen können, denn er wird in Begleitungen immer auch mit seiner eigenen Vergänglichkeit konfrontiert. Ein geeignetes Maß an Selbstdistanz ist nötig, um sich vor emotionalen Verstrickungen zu schützen. Das Begleiten eines Menschen bis zu seinem Tod kann aber auch dazu führen, besser mit eigenen Gefühlen umzugehen und das eigene Leben bewusster zu gestalten.
- Von großer Bedeutung ist die innere Bereitschaft, sich auf den Sterbenden einzulassen, wozu Einfühlungsvermögen und Offenheit notwendig sind. Diese Offenheit sollte auch in Hinblick auf eventuelle religiöse bzw. spirituelle Bedürfnisse bestehen. Die eigene Weltanschauung muss dabei nicht unbedingt zurückgehalten, sondern darf geäußert werden und kann sogar zu einer anregenden Diskussion mit dem Kranken führen, die aber nicht in einen Bekehrungsversuch entgleiten darf.
- Der Begleiter sollte psychisch stabil und im Einklang mit sich selbst sein. Eigene Trauererlebnisse sollten weitestgehend verarbeitet sein, um dem Sterbenden authentisch und unbefangen begegnen zu können. Eigene Erfahrungen mit Abschied und Trauer können die Empathie zwar fördern, sollten aber nicht im Vordergrund stehen. Im Sinne einer ganzheitlichen Begleitung ist es hilfreich, geduldig und belastbar zu sein, sich zu engagieren und dem Schwerkranken Verantwortungsbewusstsein, Verlässlichkeit und Hilfsbereitschaft entgegenzubringen.
- Ein Begleiter sollte in der Lage sein, durch Beobachtungen und aus seiner Erfahrung heraus den Zustand des Sterbenden zu erkennen. Außerdem sollte er sich in seiner Rolle als Begleiter bzw. Pflegender sicher fühlen, denn nur so kann Sicherheit auch an den Sterbenden weitervermittelt werden.
- Eine der wichtigsten Aufgaben des Begleiters besteht darin, die Bedürfnisse und die Wünsche des sterbenden Menschen wahrzunehmen, das heißt, ihm im Sterben seine Würde zu

bewahren. Dabei gilt, dass der Sterbende bestimmt, was er selbst als würdevoll empfindet. Er sollte selbstbestimmt und auf seine Weise sterben dürfen.

- Für die Sterbebegleitung geeignet sind Menschen, die seelisch belastbar und widerstandsfähig sind, sich mit allen Facetten der Gefühle auskennen, selbst Gefühle zeigen können, über ein besonderes Einfühlungsvermögen verfügen und überhaupt ein glückliches Händchen im Umgang mit Menschen haben.
- Ungeeignet ist, wer mithilfe der Sterbebegleitung den untauglichen Versuch unternimmt, überdeckte, eigene Probleme zu kompensieren. Ungeeignet ist man ferner für die Arbeit als Sterbebegleiter(in), wenn diese Tätigkeit als Feld zur Befriedigung eines möglicherweise eigenen Helfersyndroms dient. Es könnte dann sehr schnell passieren, sich total vereinnahmen zu lassen und in kurzer Zeit ausgebrannt zu sein und zum „hilflosen Helfer“ zu werden.

Fazit: Damit die positiven Gefühle während der Sterbebegleitung überwiegen, hilft es, wenn Ehrenamtliche bestimmte Eigenschaften mitbringen. Dazu gehören Empathie, Fürsorglichkeit und Zuverlässigkeit ebenso wie die Fähigkeit, sich abzugrenzen und nicht Trauer und Wut mit nach Hause zu nehmen.

Sophie, 59:

Wenn jemand, den ich begleitet habe, stirbt, gönne ich mir einige Wochen Pause, bis ich eine neue Begleitung übernehme. Damit ich lange begleiten kann, muss ich mir Auszeiten gönnen, um meinen Akku wieder aufzutanken. Nur so kann ich in der Lage sein, immer wieder zu geben.

3. Die Ausbildung

Sterbende begleiten zu lernen – das kann grundsätzlich jeder Mensch, der sich dazu berufen fühlt. Zur Vorbereitung auf diese Aufgabe ist eine Ausbildung mit dem Ziel der Qualifizierung notwendig.

Voraussetzung für die Teilnahme an entsprechenden Kursen ist die Bereitschaft, eigene Wertvorstellungen und Lebensprinzipien sowie die anderer zu reflektieren.

Wer selbst gerade eine Trauererfahrung gemacht hat, sollte erfahrungsgemäß nicht unmittelbar danach in die Auseinandersetzung mit der Endlichkeit des Lebens im Rahmen einer Ausbildung gehen, sondern mindestens ein Jahr abwarten.

Bevor man sich der Herausforderung des Ehrenamtes im Hospiz und in der Begleitung schwerstkranker, sterbender Menschen stellt, geht es darum, *Eignung, Belastbarkeit und Durchhaltevermögen* potenzieller Sterbebegleiter(innen) herauszufinden.

Generell stellen sich alle „Ehrenamtsanwärter“ in einem ausführlichen Gespräch dem Leiter des Hospizes, bzw. der Koordinatorin des ambulanten Hospizdienstes vor, indem sie über ihre Motivation, Vorstellung und Erwartungshaltung berichten, mit der sie sich dieser verantwortungsvollen Aufgabe zuwenden wollen. Im Erstgespräch geht es darum, Vorstellungen und Erwartungen abzustimmen und sich über Interessen und Fähigkeiten, die eingebracht werden sollen, zu verständigen. Darüber hinaus ist der Zeitrahmen, den Ehrenamtliche zur Verfügung stellen wollen oder können, zu erfragen. Erfahrenen Hospizleitern und Koordinatoren bzw. Koordinatorinnen wird bereits beim ersten ausführlichen Gespräch offenbar, ob sich die Vorstellungen des Interessenten mit den Erwartungen, Erfordernissen und Ansprüchen decken, die eine Begleitung erfordert, und ob er für diese Aufgabe geeignet ist oder nicht.

In einem ersten Gespräch müssen folgende Fragen geklärt werden:

- Was sind meine Aufgaben?
- Über welchen Zeitraum will ich mich verbindlich engagieren (über Wochen, Monate oder Jahre ...)?
- Wie viele Stunden pro Woche kann ich für das Ehrenamt aufwenden?
- Welche Kontaktpersonen stehen mir zur Verfügung?
- Wie bekomme ich die für meine Arbeit nötigen Informationen?
- Gibt es regelmäßige Zusammenkünfte der haupt- und ehrenamtlichen Mitarbeiter?
- Welche Fortbildungsmöglichkeiten gibt es?
- Steht in regelmäßigen Abständen eine Supervision zur Verfügung?

Anschließend beginnt die Phase der Ausbildung, in der sich die zukünftigen Begleiter mit schwierigen Themen konfrontieren und sich nicht zuletzt mit ihrer eigenen Endlichkeit auseinandersetzen müssen. Meist ist das schon eine Nagelprobe für diejenigen, die das aus verschiedensten Gründen nicht können. Der Ausbildungsleiter hat dann die Verantwortung, ungeeignete zukünftige Sterbebegleiter zu deren Selbstschutz herauszufiltern und sicherzustellen, dass keine „hilflosen Helfer" zum Einsatz kommen, und kann diese evtl. für organisatorische oder verwaltungstechnische Aufgaben gewinnen. Qualifizierungskurse zur Begleitung Sterbender werden von Hospizen, Kliniken mit Palliativstationen, Caritas, Diakonie, Deutschem Roten Kreuz, den Maltesern, Johannitern und dem Paritätischem Wohlfahrtsverband angeboten. Fast alle dieser Organisationen bieten eine Ausbildung für ihre Hospizdienste nach dem sogenannten *Celler Modell* an, bei dem die Ausbildung überkonfessionell und weltanschaulich offen erfolgt.

Das „Celler Modell" dient der Vorbereitung Ehrenamtlicher auf die Begleitung schwerstkranker und sterbender Menschen und ermöglicht eine intensive Auseinandersetzung mit den vielschichtigen Fragen des Lebens und Sterbens und mit der eigenen Person.

Aus- und Fortbildung nach dem Celler Modell sind zertifiziert, entsprechen den Anforderungen des Bundesverbandes für Hospiz- und Palliativarbeit und haben folgende Inhalte:

- Einführung in die Themen Sterben, Sterbende begleiten und Trauer;
- Geschichte und Grundgedanken der Hospiz- und Palliativarbeit;
- Umgang mit der eigenen Biografie;
- Sterbeprozess und Sterbebegleitung;
- Umgang mit Angehörigen;
- Kontaktaufbau und Kommunikation;
- Zusammenarbeit der Hospizhelfer mit professionellen Diensten;
- Eigene Grenzen, Nähe und Distanz;
- Religion und andere Weltanschauungen;
- Praxiserfahrung in Bereichen der Hospiz- und Palliativbetreuung.

Die fundierte Vorbereitung auf eine ehrenamtliche Tätigkeit umfasst ca. 80 Stunden im Laufe eines Jahres. Ein begleitetes Praktikum (50 Std.) vermittelt konkrete Erfahrungen der Lebenswirklichkeit von Menschen auf ihrer letzten Wegstrecke und deren möglicher psychosozialer Begleitung.

Die Schulung zum ehrenamtlichen Hospizhelfer wird in zwei Teilen, dem *Grund- und dem Aufbaukurs* angeboten.

Grundausbildung

Voraussetzung für diesen verantwortungsvollen Dienst ist die zuvor geleistete persönliche Auseinandersetzung mit Leben, Sterben, Abschied und Trauer. Einstieg in die Thematik „Sterbebegleitung" ermöglicht ein *Grundseminar*, das allen Interessierten offensteht. Es geht hier um das Nachdenken über eigene

Erlebnisse mit schwerer Krankheit, Sterben, Tod und um das Einfühlen in die Situation Sterbender. Referenten aus verschiedenen Bereichen sprechen über die körperlichen, seelischen und sozialen Bedürfnisse Sterbender.

Nach der Grundausbildung erfolgt die *praxisorientierte Ausbildung*. Man kann sich für die *ambulante* oder die *stationäre* Hospizarbeit entscheiden. In beiden Bereichen treffen sich die einzelnen Begleiter meist monatlich in Gruppen zum allgemeinen Gesprächs- und Erfahrungsaustausch und mehrfach im Jahr zur Supervision (vgl. S. 136: „Fortbildung durch Supervisionen und Workshops"). Regelmäßige *Aufbaukurse* zu verschiedensten Themenschwerpunkten erweitern das Wissen und fördern die Sicherheit im Umgang mit Sterbenden und deren Angehörigen.

Zuvor findet ein ausführliches Gespräch mit dem Leiter des Hospizes statt. Erst dann entscheidet sich definitiv, ob ein Sterbebegleiter für eine *patientennahe Begleitung* zugelassen wird oder nicht. Sicherlich ist es hart, möglicherweise als ungeeignet abgewiesen zu werden. Aber ohne eine gewisse Professionalität geht es nicht. Oft werden Aufgaben angeboten, die nichts mit patientennaher Tätigkeit zu tun haben, die aber auch wertvoll sind. Und oft werden sie gern und dankbar als Alternative angenommen.

Die Phase des Einsatzes am Patientenbett erfolgt zunächst unter Begleitung eines Mentors, der bei Unsicherheiten gefragt werden kann. Das alles sind Sicherheitsmaßnahmen zum Schutz des Sterbenden wie auch des Begleiters. Erst wenn ein Begleiter die erforderliche Praxis und Sicherheit gewonnen hat, bekommt er einen Patienten zugewiesen, den er regelmäßig besucht und den er bis zum Tod begleitet.

Nach einer Begleitung, die sich über Wochen oder Monate erstrecken kann, hat der Begleiter eine Pause, in der er sich selbst wieder regenerieren kann, bevor er eine neue Begleitung übernimmt. Ich weiß, dass das leider nicht überall so optimal läuft, aber wünschenswert wäre es, um Begleiter jahrelang für die Sterbebegleitung zu erhalten.

In Vorbereitungsseminaren werden potenzielle Sterbebegleiter(innen) aber auch auf die Kehrseite dieses Ehrenamtes hingewiesen, denn am Sterbebett berührt nicht nur der Abschied, den der andere nehmen muss, sondern auch der persönliche Abschied, den jeder Begleiter eines Tages selbst bewältigen muss. Zudem werden Begleiter an eigene Verlusterfahrungen erinnert. Die damit verbundenen Gefühle können aufwühlen, schlimmstenfalls sogar den Begleiter aus dem seelischen Gleichgewicht bringen. In dieser Weise mit der eigenen Biografie konfrontiert zu werden ist ambivalent, birgt Chancen, aber auch Gefahren.

Sterbebegleiter begegnen elementaren Fragen ihres eigenen Lebens. Stellen sich Helfer diesen Fragen, Gefühlen und Erlebnissen in der Vorbereitung auf die Aufgabe „ehrenamtliche Sterbebegleitung“, so lernen sie ihre Fähigkeiten und Grenzen kennen und diese anzunehmen.

In aller Regel sind Helfer, die die persönliche Auseinandersetzung bewältigen, einfühlsame und respektvolle Begleiter, die Halt anbieten. Zudem sind gut vorbereitete Helfer weitestgehend davor geschützt, von eigenen Lebensthemen in der Trauer- und Sterbebegleitung eingeholt zu werden. Selbst wenn persönliche Erlebnisse und Gefühle hochkommen, erkennt der Begleiter, dass er das Erlebte selbst außerhalb der Sterbebegleitung für sich klären muss. Das ist die Voraussetzung dafür, mit der ganzen Aufmerksamkeit bei demjenigen zu bleiben, der begleitet wird. Die in der Begleitung reaktivierte Erinnerung kann zu einem späteren Zeitpunkt, zum Beispiel in der Supervision (vgl. S. 136: „Fortbildung durch Supervisionen und Workshops“) oder im Gespräch mit den Hospizkoordinatoren, besprochen und geklärt werden.

4. Eigene Motivation und eigene Erfahrungen in der Hospizarbeit

Obwohl ich früher – wie fast alle Menschen – dem Thema Sterben und Tod großräumig aus dem Weg gegangen bin und konsequent alles vermieden habe, was mich damit hätte konfrontieren können, bin ich zufällig und ohne darauf vorbereitet gewesen zu sein zur Sterbebegleitung gekommen.

Meine 35-jährige Nachbarin Sabine erkrankte nach der Geburt ihres ersten Kindes an einem unheilbaren Krebsleiden, das acht Monate später zu ihrem Tod führte. Unvorbereitet befand ich mich plötzlich in einer Begleitung. In einer bis dahin für mich ungewöhnlicher Offenheit suchte meine sterbende Nachbarin immer wieder das Gespräch mit mir, und – so sagte sie mir selbst –dies sei ihr mehr Hilfe, als mit ihrer Familie über ihre Ängste, ihre Wut, ihre Hoffnung, ihren Zorn, ihre Verzweiflung und Hoffnungslosigkeit zu reden. Sie glaubte, mit diesen extremen Gefühlsschwankungen, die sie als emotionale Achterbahn empfand, ihr unmittelbares Umfeld zu belasten.

Den entscheidenden Impuls, mich der ehrenamtlichen Hospizarbeit zu widmen, verdanke ich ihr. Sie erteilte mir einen Auftrag, vielleicht war es auch ein Vermächtnis: „Du kannst das und du musst das tun, denn Menschen, die so krank sind wie ich, brauchen nicht nur Familie, Freunde und Bekannte, sie brauchen eine anonyme Klagemauer, weil sonst zu viel mit ins Grab genommen wird."

Nach Sabines Tod machte ich dann diverse Ausbildungen und arbeitete drei Jahre lang ehrenamtlich in einem stationären Hospiz.

In der Praxis lernte ich, dass Empathie und Vertrauenswürdigkeit die Voraussetzung dafür schaffen, Zugang zu Sterbenden zu bekommen, und es ihnen ermöglichen, sich zu öffnen. Ich lernte aber auch, Menschen längere Zeit zu begleiten, Beziehungen aufzubauen und sie wieder zu verlieren. Dauerhaft schaffen das nur Menschen, die psychisch stabil und belastbar sind.

Neben psychischer Stabilität und Belastbarkeit ist es aber auch sehr wichtig, über ein gewisses Grundwissen darüber zu verfügen, was im Sterbeprozess geschieht. Wer in diesem hochsensiblen, verantwortungsbewussten Bereich tätig ist, sollte wissen, wie man mit Sterbenden umgehen muss – und was ihnen wichtig ist. Eine gute Begleitung setzt voraus, mit den Augen des Sterbenden sehen, mit seinen Ohren hören und mit seinem Herzen fühlen zu können.

Die Begleitung Sterbender war für mich die wichtigste Lehre meines Lebens, bei der ich Erfahrungen gemacht habe, die mich sensibilisiert haben. Als Begleiterin habe ich mein Symptom- und Krisenverständnis entwickeln und ausbauen können, aber auch gelernt, in meiner Rolle zu bleiben, mich abzugrenzen, um nicht zur Partei gemacht zu werden.

Die Begleitung eines sterbenden Menschen, der sich in körperlicher und seelischer Extremsituation befindet, stellt eine ungeheure Belastung und Herausforderung dar. Nie zuvor hätte ich mir vorstellen können, was man alles von Menschen im Grenzbereich zwischen Leben und Tod lernen kann. Oft ging eine ungeheure Stärke von ihnen aus, was meine uneingeschränkte Bewunderung herausforderte. Neben dem ohnmächtigen Mitleiden, dem Zorn, der Wut und der Verzweiflung gab und gibt es immer wieder auch unvergessliche Augenblicke von Nähe und Vertrautheit und der Erfahrung, dass einem in der Begleitung Sterbender Kräfte zuwachsen, die man sich nie zugetraut hätte.

Wie sehr das Themenspektrum Sterben, Tod und Trauer noch immer ein großes gesellschaftliches Tabu ist, merkte ich bald. Ich selbst spürte in meinem Umfeld eine gewisse Befremdlichkeit, wenn ich über meine ehrenamtliche Tätigkeit in der Hospizarbeit berichtete. Entweder bekam ich zu hören: „Musste es unbedingt etwas so Absonderliches sein?“, oder: „Ich könnte das nicht!“ Irgendwie kam ich mir vor wie eine Spaßbremse.

Meine Erfahrung ist, dass die Arbeit im Grenzbereich zwischen Leben und Tod alles verändert und neue Wertigkeiten schafft, dass man sich auch selbst verändert, sodass nicht mehr jeder in das eigene Leben passt.

Als besondere Herausforderung empfand ich die Begleitung *Demenzkranker*, die sich in ihrer Persönlichkeit verändern, deren kognitive Fähigkeiten absterben, die in ihrer eigenen Welt leben und über die übliche normale Kommunikation nicht mehr zu erreichen sind.

5. „No-Goes" in Begleitungen

Gut gemeint muss nicht gut sein. Das gilt auch für Sterbebegleitungen. Von großer Bedeutung ist die innere Bereitschaft, sich auf den Sterbenden und seine Wünsche einzulassen. Hierbei ist ein hohes Maß an Einfühlungsvermögen und Toleranz gefragt – z. B. im Hinblick auf religiöse oder spirituelle Bedürfnisse oder auf psychische und körperliche Veränderungen während des Sterbens.

Die wichtigste Aufgabe eines Begleiters ist es, die Würde des sterbenden Menschen zu bewahren sowie seine Bedürfnisse und Wünsche bestmöglich zu erfüllen. Dabei bestimmt vor allem der Sterbende selbst, was er als würdevoll empfindet und was angenehm oder unangenehm für ihn ist. Ein „No-Go" wäre in diesem Zusammenhang, etwas zu tun, was man selbst als angenehm empfindet.

Todkranke Menschen sind häufig von Wahrnehmungsveränderungen betroffen. Viele Sinne sind in der Endphase des Lebens besonders stark ausgeprägt, z. B. das Tasten, Sehen, Riechen, Schmecken oder Hören. Das kann dazu führen, dass einem todkranken Menschen zum Beispiel sein Leibgericht auf einmal nicht mehr schmeckt, dass er seine Lieblingsmusik als störend empfindet, dass eine innige Berührung auf ihn unangenehm wirkt oder dass für ihn helles Sonnenlicht unerwünscht ist. Ein „No-Go" wäre es dann, diese Wahrnehmungsveränderungen zu ignorieren und den Sterbenden zu überfordern.

Häufig ist die letzte Lebensphase Sterbender durch ungelöste Familienkonflikte belastet wieweiter oben (S. 69: „Unterstützung bei der späten Versöhnung am Sterbebett") beschrieben ist. Gerade in der ambulanten Begleitung zu Hause kann es leicht passieren, dass man sich zwischen zwei Fronten bewegt und in die Position eines Schiedsrichters gedrängt wird. Das aber ist ein absolutes „No-Go", denn Begleiter sind weder Schlichter oder Richter noch Therapeuten. Sie müssen neutral bleiben, sich als anonyme Klagemauer des Sterbenden verstehen und nicht als Konfliktmanager der Familie. Begleiter müssen bei aller Empathie professionelle Distanz bewahren.

Ganz schwierig ist es, Sterbenden vorzugeben, worüber gesprochen werden sollte. So hatte eine Pfarrersfrau bei einem Treffen mit einer befreundeten Krebskranken, die nur noch wenige Monate zu leben hatte, gesagt: „Jetzt müssen wir aber mal übers Sterben sprechen." So mit der Tür ins Haus zu fallen ist äußerst unsensibel und ein absolutes „No-Go". Der Kranke führt auch hier Regie und bestimmt, ob, wann, mit wem und worüber er reden möchte. Denken Sie als Begleiter immer daran, dass Sie nur die Begleitmelodie spielen, der zu Begleitende aber das Motiv, manchmal sogar in verschiedenen Variationen, vorgibt.

Ein absolutes „No-Go" in der Begleitung besteht darin, die Rollen zu vertauschen, den Sterbenden zum Begleiter zu machen, über eigene Probleme zu sprechen, statt anonyme Klagemauer zu sein.

Aus den Wünschen eines Sterbenden an seinen Begleiter geht hervor, was man tun oder unterlassen sollte (vgl. auch S. 15: „Wünsche und Bedürfnisse Sterbender"):

- *Lass mich in den letzten Stunden meines Lebens nicht allein. Bleibe bei mir, wenn mich jetzt Zorn, Angst, Traurigkeit und Verzweiflung heimsuchen. Hilf mir, zum Frieden zu gelangen.*
- *Lass nicht zu, dass ich in den letzten Augenblicken entwürdigt werde. Lass mich, wenn es irgendwie einzurichten ist, in der vertrauten Umgebung sterben. Das ist schwer für dich, aber es wird dich bereichern, Sterbebegleiter zu sein.*

- *Wenn es so weit ist und du ratlos am Bett sitzt, denke nicht, dass ich tot sei. Das Leben dauert länger, als die Ärzte sagen. Der Übergang ist langwieriger, als wir bisher wussten. Ich höre alles, was du sagst, auch wenn ich schweige und meine Augen gebrochen scheinen. Darum sage jetzt nicht irgendetwas, sondern das Richtige.*
- *Das Richtige wäre, mir etwas zu sagen, was es mir nicht schwerer, sondern leichter macht, mich zu trennen. Vieles, fast alles, ist jetzt nicht mehr wichtig.*
- *Ich höre, obwohl ich schweigen muss und nun auch schweigen will. Halte meine Hand. Ich will es mit der Hand sagen. Wisch mir den Schweiß von der Stirn. Streich mir die Decke glatt. Wenn nur noch Zeichen sprechen können, so lass sie sprechen. Dann wird auch das Wort zum Zeichen. Und ich wünsche mir, dass du beten kannst. Du sollst von mir wissen, dass ich der Auferstehung näher bin als du selbst.*
- *Klage nicht an, es gibt keinen Grund. Lass mein Sterben dein Gewinn sein. Lebe dein Leben fortan etwas bewusster. Es wird schöner, reifer und tiefer, inniger und freudiger sein, als es zuvor war, vor meiner letzten Stunde, die meine erste Stunde ist.*[22]

6. Wie viel Tod vertragen ehrenamtliche oder professionelle Begleiter?

Aufgrund der demografischen Entwicklungen haben sich die Versorgung am Lebensende von alten und hochbetagten Menschen und ihr Sterbeprozess in die Einrichtungen der stationären Altenpflege verlagert. Dadurch wird das Pflegepersonal häufiger mit Sterbesituationen konfrontiert und vor zusätzliche Herausforderungen gestellt.

Der Umgang mit Sterbenden ist für die meisten Menschen, auch für professionelle Pflegekräfte, eine große Belastung. Sterbebegleiter (professionell Pflegende und Ehrenamtliche) müssen tagtäglich in der Begleitung schwerstkranker Menschen mit anspruchsvollen Situationen umgehen und deren Schicksale miterleben. Um das auf Dauer schaffen zu können, ist ein hohes Maß an emotionaler Kompetenz und seelischer Widerstandsfähigkeit (Resilienz) sowie auch Unterstützung durch Supervision erforderlich (vgl. S. 136: „Fortbildung durch Supervisionen und Workshops“). Den Spagat zwischen hoher Empathie, die für eine gute Sterbebegleitung erforderlich ist, und gesunder Abgrenzung fällt besonders denen, die Menschen im Grenzbereich zwischen Leben und Tod begleiten, oft schwer. Wenn sie zudem keine Supervision erhalten, um Erlebtes aufzuarbeiten, kommt es oft zur Überforderung, zu Stress, Burnout und Kündigung.

Welches sind in der Sterbebegleitung die Quellen der psychischen Belastung?

Hinsichtlich der Risikofaktoren und Stressoren für Sterbebegleiter ist die zentrale Frage, ob die Belastung von der ständigen Konfrontation mit Tod und Sterben herrührt oder möglicherweise auch anderen Faktoren geschuldet sein kann.

„Die Annahme, dass die Arbeit mit schwerkranken und sterbenden Menschen [...] zu einem höheren beruflichen Belastungsniveau führe, konnte nicht nachgewiesen werden, aber auch nicht, dass die ständige Konfrontation mit Sterben und Tod Auswirkungen auf die seelische oder körperliche Gesundheit von Mitarbeitern im Hospiz- und Palliativbereich hat.“[23]

Allerdings gibt es eine Reihe indirekter Faktoren, die die empfundene Belastung in der Arbeit mit schwerkranken und sterbenden Menschen beeinflussen:

- Widerstreitende Wünsche zwischen dem Sterbenden und seinen Angehörigen können sich belastend auf Begleiter auswirken.
- Die Identifikation mit dem Sterbenden ist ein Belastungsfaktor.
- Eigene Verluste oder Trauer wie auch die Angst vor Krankheit oder Tod können sich belastend auf die Beziehung zum Sterbenden auswirken.

- Wut, aber auch Depression in Anbetracht des nahenden Todes oder schwierige Familienverhältnisse eines Sterbenden können sich erschwerend auf die Begleitung auswirken.
- Fehlende regelmäßige Supervision für die Selbstfürsorge im Umgang mit Tod und Sterben kann sich negativ auswirken.
- Die Begleitung junger Menschen wird fast immer als besonders belastend empfunden.

Begleitungen können auf unterschiedliche Weise äußerst belastend sein. Das führt zu der Frage: Was hilft denen, die professionell oder ehrenamtlich immer wieder mit Sterben und Tod zu tun haben?

- Selbstfürsorge;
- Glaube und Spiritualität;
- Supervision als Schutzfaktor;
- Humor.

Selbstfürsorge ist unverzichtbar, um über längere Zeit Sterbende pflegen oder begleiten zu können. Selbstfürsorge ist Gesundheitsprophylaxe und führt dazu, achtsam gegenüber sich selbst zu sein, zu spüren, wenn eine Belastungsgrenze erreicht ist und der Akku kurz vor dem Aus ist, und regelmäßig aufzutanken statt auszubrennen. Es geht darum, selbstverantwortlich sein eigener Stress-Coach zu sein, um eigene Ressourcen zu schützen. Es geht um die Stärkung der seelischen Widerstandskraft, indem man sensibilisiert wird, eigene Stressfaktoren zu erkennen und Strategien zu entwickeln, um mit Herausforderungen und Belastungen entspannter umgehen zu können.

Häufig verfügen resiliente Menschen auch über unerschütterliches Gottvertrauen, um Schicksalsschläge und Krisen zu überwinden. *Glaube und Spiritualität* können heilsam, ein Resilienzfaktor und damit eine Ressource sein, wichtige Kraftquellen und seelische Stabilisatoren, die es Begleitern ermöglichen, trotz aller Belastungen immer wieder Menschen aus dem Leben zu begleiten.

Luisa, 53:

Ich weiß nicht, wie ein Leben nach dem Tod konkret aussehen wird, aber ich vertraue darauf, dass Gott uns liebt und dass es gut sein wird, wenn wir in seiner Nähe sind. Es ist dieser Glaube, der mir hilft, meine Tätigkeit als ehrenamtliche Sterbebegleiterin zu bewältigen. Meiner Erfahrung nach kann man Begleitungen nur vor diesem Hintergrund machen. Für mich ist der Tod zwar ein riesiger Einschnitt, aber er ist nicht das Ende, sondern der Übergang in ein neues Leben. Ich geleite Menschen hinüber in ein anderes, ewiges Leben.

Obwohl Begleitungen überkonfessionell und glaubensneutral erfolgen, wird im Laufe der Zeit fast immer die Frage gestellt: „Glauben Sie an Gott oder an ein Weiterleben nach dem Tod?" Ich habe in meinen Begleitungen erlebt, dass es häufig ein Bedürfnis nach Spiritualität gibt und dass der gemeinsame Glaube Nähe vermittelt. Gemeinsame religiöse Überzeugungen schaffen religiöse Verbundenheit.

Auch für Begleiter selbst können ein tiefer Glaube und unerschütterliches Gottvertrauen Faktoren für seelische Widerstandsfähigkeit und Belastbarkeit sein, zumindest aber dazu beitragen, sich nach belastenden Begleitungen schnell wieder zu regenerieren.

Imke, 49:

Ich bin in einer katholischen Familie aufgewachsen. Von meinen Eltern habe ich durch deren überzeugendes Vorbild gelernt, dass das Gebet, besinnliche Musik und der regelmäßige gemeinsame Besuch der hl. Messe Kraftquellen für den Alltag sein können. Aus dieser Erfahrung heraus entwickelte ich ein unerschütterliches Gottvertrauen, das ich als Stabilisator in meinem Leben empfinde und das mir auch immer wieder in der ehrenamtlichen Sterbebegleitung die Kraft gibt, schwere Situationen unbeschadet zu überstehen.

Das Gebet erfordert Konzentration und Sammlung und kann zur meditativen Kraft werden. Dabei ist der gelegentliche Rückzug in sich selbst wichtig, um nachzuspüren, ob der innere Kompass noch richtig ausgerichtet ist.

- „Aus welcher Kraft lebe ich?“
- „Wer und was gibt meinem Leben Energie?“
- „Wodurch lasse ich mir Orientierung geben in meinem Leben?“

Dafür braucht die Seele Zeit, um diesen Fragen nachzugehen. Die Bitte von Paul Gerhardt kann dabei hilfreich sein:

Mach' in mir deinem Geiste Raum,
dass ich dir werd' ein guter Baum,
und lass' mich Wurzeln treiben.
Verleihe, dass zu deinem Ruhm
ich deines Gartens schöne Blum
und Pflanze möge bleiben.

7. Fortbildung durch Supervisionen und Workshops

Der Begriff „Supervision“ kommt aus dem Lateinischen und bedeutet Überblick. Bei einer Supervision im Hospiz treffen sich die ehrenamtlichen – oder auch die professionellen – Sterbebegleiter in regelmäßigen Abständen, z. B. einmal monatlich, um Problemfälle aus ihrer Arbeit mit dem Supervisor, einem erfahrenen Sterbebegleiter mit Zusatzausbildung, zu besprechen, mit dem Ziel, emotionale oder seelische Unterstützung zu bekommen.

Das Ziel einer Supervision ist eine übergeordnete Sicht auf die Arbeit und die Psychodynamik in der psychosozialen Begleitung. Das Handeln ehrenamtlicher Mitarbeiter wird durch Reflexion begleitet. Dadurch trägt Supervision zur emotionalen Entlastung bei.

In der Gruppensupervision stehen persönliches Verhalten, Werte, Erfahrungen, Gedanken und Gefühle im Vordergrund. Jeder Teilnehmende erhält abwechselnd Raum, sich einzubringen, von Schwierigkeiten zu berichten und daraus für sich zu lernen. Ziel ist ein gemeinsames Lernen, um Synergien und Lösungen zu finden.

Supervisoren verfügen über einen reichen Erfahrungsschatz und unterstützen die Gruppe darin, Situationen, Personen und Prozesse genauer zu betrachten, dabei den Blick auch hinter die Kulissen des Geschehens zu wagen und auch die Perspektive zu verändern. Bei einer Supervision geht es nicht um Perfektion, es geht um die Sensibilisierung der eigenen Wahrnehmung und darum, suchend und neugierig auch sich selbst noch ein bisschen mehr auf die Spur zu kommen.

In den meisten Hospizen treffen sich die ehrenamtlichen Hospizhelfer monatlich zur Supervision und gehen danach leichter und motivierter in die Einsätze hinein. Eine Supervision hat auch eine bindende Wirkung für die Gruppe, die näher zueinander findet. Aus diesem persönlichen Wachstum entstehen Achtung, Wertschätzung und Freude, die bei den Teilnehmern unübersehbar ist.

Regelmäßige Besprechungen können nachhaltig Stress und Burnout reduzieren und seelische Belastbarkeit von Pflegekräften und ehrenamtlichen Begleitern stärken.

Gaby, 66:

Wie viele Menschen ich begleitet habe, weiß ich nicht, aber ich erinnere mich noch sehr genau an jede Begleitung. Unverzichtbar sind für mich Gruppentreffen und Supervisionen, um das Erlebte zu hinterfragen und sich mit anderen Hospizhelfern auszutauschen. Diese Unterstützung stärkt mich, um auf Dauer diese Tätigkeit ausüben zu können. Was man in Begleitungen alles erlebt, das macht schon etwas mit einem. Bei mir haben die Begleitungen dazu geführt, dass mir die befristete Lebenszeit viel mehr bewusst ist.

Judith, 51:

Ich arbeite regelmäßig ehrenamtlich in einem stationären Hospiz, in dem regelmäßige Treffen und Supervisionen stattfinden, um Belastendes zu reflektieren und zu bearbeiten. Sie sind zusammen mit Dienstübergaben und Fortbildungen verbindliche Strukturen, die der seelischen Stabilität aller Mitarbeiter dienen. Außerdem sind Rituale, die unser Leben strukturieren und Kraft, Ordnung, Sinn und Gemeinschaftserleben schaffen, dort fest etabliert. Dazu zählen die Erinnerungskerzen, wöchentlich stattfindende Mittagsgebete, die Aussegnungen nach dem Versterben eines Gastes, das monatliche Gedenken an die Verstorbenen sowie die zweimal jährlich stattfindenden Erinnerungsgottesdienste.

Unverzichtbar ist *Supervision als seelischer Schutzfaktor* besonders bei Intensiv- bzw. Palliativpflegekräften, aber auch in der Ausübung des Ehrenamtes, denn als Hospizhelfer(in) kommt man nicht selten in Situationen, in denen man unsicher ist. Und regelmäßig kommt man auch in Situationen, in denen die eigene Frustrationstoleranz niedrig ist, in denen man unschlüssig im Umgang mit den anvertrauten Menschen ist.

Regelmäßig, mindestens aber zweimal jährlich, finden auch *Fortbildungen* in Form von Workshops und Seminaren statt. Viele Hospizvereine sind auch dazu übergegangen, ein *Begegnungswochenende* durchzuführen. Solche Veranstaltungen schaffen das intensivste Wir- und Zusammengehörigkeitsgefühl und die Möglichkeit, sich in entspannter Umgebung untereinander auszutauschen, gemeinsam Filme anzuschauen und darüber zu diskutieren, Vorträge zu hören oder an einem Seminar zu einem bestimmten Thema teilzunehmen.

Fortbildungen jedweder Art sind unbedingt erforderlich, denn einen Menschen am Ende seines Lebens in einer Grenzsituation zu begleiten ist eine anspruchsvolle Aufgabe und beinhaltet sowohl Lebens- und Konfliktberatung wie auch spirituellen Beistand. Meiner Erfahrung nach leiden Sterbende nicht nur unter dem Verlust ihrer Gesundheit und ihrer Autonomie, sie leiden sehr häufig unter einem unsichtbaren Schmerz, unter Lebenswunden und verschleppten Familienkonflikten, die das Lebensende schwer belasten.

In Begleitungen wird man regelmäßig mit Biografien und Schicksalen konfrontiert, die zutiefst berühren. In Fortbildungen werden sie immer wieder thematisiert und auch, wie damit umzugehen ist: mitfühlend (empathisch), aber ohne mitzuleiden, weil man sonst überfordert wird und nicht in der Lage ist, langfristig Begleitungen zu machen. Eine meiner Begleitungen wurde intensiv während einer Fortbildung analysiert:

Rita, 58, kam mit der Diagnose „Krebs im Endstadium" ins Hospiz. Der medizinische Dienst des Krankenhauses hatte ihr dazu verholfen, hier die letzte Phase ihres Lebens zu verbringen. Trotz ihrer körperlichen Schwäche hatte Rita ein ausgeprägtes Mitteilungsbedürfnis.

Rita hatte ein schweres Leben gehabt. Ihre Benachteiligung begann bereits mit ihrem Elternhaus. Ihr Vater hat sie regelmäßig misshandelt und missbraucht. Ihre Mutter war eine schwache Frau, von der sie keine Hilfe erwarten konnte. Ritas Eltern vertraten die Auffassung, dass ein Mädchen keine Ausbildung brauche, weil es ja doch heirate. Rita erlernte keinen Beruf, sondern arbeitete nach ihrer Entlassung aus der Volksschule in einer Fabrik. Ihren Verdienst musste sie zu Hause abgeben.

Aus der Enge ihres Elternhauses floh sie in eine viel zu frühe Ehe. Mit 21 Jahren heiratete sie, musste aber bald die Erfahrung machen, vom Regen in die Traufe geraten zu sein. Ihr Ehemann war ebenso gewalttätig wie ihr Vater.

Rita nahm körperliche und seelische Gewalt widerspruchslos hin, ohne sich zu wehren, weil sie Gewalt und Brutalität bereits aus ihrem Elternhaus gewohnt war. Außerdem war sie – wie ihre Mutter – wirtschaftlich abhängig und sah deshalb für sich keinen anderen Ausweg, als an der Ehe festzuhalten, auch ihrer drei Kinder zuliebe. Eine Scheidung war für Rita zur damaligen Zeit auf einem Dorf keine Option. Damit wäre sie in dem Milieu, in dem sie lebte, völlig ausgegrenzt gewesen.

Wegen der ständigen Sauferei sei ihr Mann immer wieder arbeitslos gewesen. Irgendwann sei ihre Familie in die Sozialhilfe hineingerutscht und habe es nicht mehr geschafft, in ein normales, geordnetes Leben zurückzufinden.

Ritas Begleitung hat mir gezeigt, dass Sterbende nicht nur unter ihrer unheilbaren Krankheit leiden, sondern unter unbehandelten Lebenswunden, die sie lange unter diversen Masken verbergen. Körperliche Schmerzen lassen sich über die Palliativmedizin sehr gut auf ein erträgliches Maß reduzieren. Meiner Beobachtung zufolge kommt der Biografie eines Sterbenden mit seinem unsichtbaren Schmerz und den Narben auf seiner Seele zu wenig Beachtung zu. Auch bei Rita war es eine unsichtbare, verdrängte Lebenswunde, die ihr Lebensende erkennbar belastete.

Im Laufe weniger Wochen verschlechterte sich Ritas Zustand rapide. Normale Schmerzmittel reichten nun nicht mehr. Sie erhielt Opiate, die bei Rita zum Halluzinieren führten. Eine solche Situation hatte ich noch nie zuvor erlebt, und ich war unsicher, wie ich reagieren sollte. Während einer intensiven Fallbesprechung im Rahmen einer Fortbildung lernten wir, wie wir uns in solchen oder ähnlichen Situationen verhalten sollten. Wir erfuhren, dass es in solchen Situationen darauf ankommt, dem Sterbenden seine Gefühle nicht auszureden, sondern ihn in seiner Wahrnehmung ernst zu nehmen, ihm aber Geborgenheit Sicherheit, Nähe und Zuwendung zu vermitteln.

Elmar ist ein 74-jähriger Mann, der mit der Diagnose „Gehirntumor im Endstadium“ zu uns ins Hospiz kam. Seine Schluckbeschwerden machten es mühsam, ihm das Essen zu reichen. Immerhin schaffte ich es, ihm löffelweise breiige Nahrung zuzuführen. Dankbar war er für auflockernde Ansprache. Jeden Löffel, den Elmar schaffte, lobte ich, und so hatten wir schließlich beide ein Erfolgserlebnis, als wir die halbe Ration geschafft hatten.

Während meiner Begleitung geschah mit Elmar eine Wandlung: Nach der Tortur der schulmedizinischen Behandlung und deren Folgen erholte er sich langsam. Die Symptome der Behandlung klangen ab, und durch eine gut eingestellte Schmerztherapie ging es ihm von Tag zu Tag besser, was dazu führte, dass er wieder Hoffnung hatte, gesund zu werden. Er verdrängte offenbar, dass er sich in einem Hospiz befand.

Ich konnte durchgängig bei vielen Begleitungen beobachten, dass sich bei „terminalen“ Kranken ein paradoxes Gefühl einstellt: Je mehr sie sich ihrem Lebensende näherten, desto weiter entfernten sie sich von der Realität. Obwohl in der Regel allen Menschen, die oft sogar auf eigenen Wunsch ins Hospiz gehen, bekannt ist, was Hospiz bedeutet, verdrängen sie – zumindest phasenweise –, dass ihre Zeit sehr begrenzt ist. Es kommt nicht selten vor, dass noch Zukunftspläne geschmiedet werden. Körperlicher Verfall und das Fortschreiten der Erkrankung werden dann verdrängt. Das macht eine Begleitung schwierig, weil man nicht weiß, wie man angemessen darauf reagieren soll und wie man seinem Anspruch, authentisch und wahrhaftig zu sein, entsprechen kann. Auch das war ein Fallbeispiel in einer Fortbildung mit der Frage: Lässt man den Schwerkranken in seinen Illusionen oder holt man ihn zurück in die Realität?

Was mich in Bezug auf Elmar zunehmend hilfloser machte, war die Erfahrung, den rasanten, unaufhaltsamen Verfall von Besuch zu Besuch erleben zu müssen, diesen Menschen abgleiten zu sehen in Bereiche, in die ihn niemand begleiten oder ihm folgen konnte. Eines Tages fand ich Elmar völlig verändert vor. Der Tumor hatte inzwischen das Sprachzentrum erreicht, was dazu führte, dass Kommunikation nur noch sehr eingeschränkt möglich war. Je weiter das Sprechen zurückging, desto wichtiger wurden die nonverbalen Ausdrucksmöglichkeiten über Mimik und Gestik. Elmar genoss es sichtlich, die Hand gehalten und gestreichelt zu bekommen. Seine Gefühlsäußerungen reduzierten sich jetzt nur noch auf den Druck seiner Hände und über seine Augen. Dieses Fallbeispiel ermöglichte uns während der Fortbildung, mehr über nonverbale Ausdrucksformen der Kommunikation zu erfahren.

Ein wesentlicher Bestandteil von Fortbildungen besteht darin, Fallbeispiele zu analysieren und daraus Sicherheit im Umgang mit immer wiederkehrenden schwierigen Situationen zu gewinnen. Angemessen umgehen und reagieren kann man auf Situationen nur dann, wenn man sie zigfach geübt hat. Ein angehender Jurist muss immer wieder Fallbeispiele verschiedenster Konstellation analysieren und Lösungen finden und Rettungssanitäter müssen immer wieder verschiedenste Rettungsszenarien proben, um professionell reagieren und automatisch das Richtige tun zu können. In schwierigen Situationen wird auch von Begleitern erwartet, dass sie nicht kopflos und hilflos sind, sondern als Fels in der Brandung Halt geben.

Ganz besonders häufig hat man es als Begleiter(in) mit ungelösten Familienkonflikten zu tun, die das Lebensende schwer belasten. Besonders schwierig ist es dann, wenn man als ambulanter Ehrenamtlicher in die Familie, in das Lebensumfeld eines Sterbenden kommt.

So war es auch in einem von einer ambulanten Hospizhelferin vorgestellten Fall:

Werner, 75, litt nicht nur unter seiner unheilbaren Erkrankung, seine letzte Lebensphase war belastet und überschattet von lange schwelenden, unbereinigten Familienkonflikten. Seine erwachsene Tochter hatte nach Zerwürfnissen den Kontakt zu ihm abgebrochen, seinen zehnjährigen Enkel hatte Werner noch nie persönlich kennengelernt.

Da ambulante Begleiter sehr häufig mit schwierigen Familienverhältnissen konfrontiert werden, wurde dieses Beispiel zum Anlass genommen, um zu zeigen, wie man sich in einer solchen Situation verhalten sollte.

Es mag eine wohlgemeinte Absicht sein, Sterbende darin zu unterstützen, ihr Leben friedlich beenden zu können. Begleiter sind aber für die Gefühle Sterbender und die Situation, in der sie leben, nicht verantwortlich. Sie sind auch keine Therapeuten und müssen daher eine Abgrenzung schaffen zwischen der guten Absicht, helfen und unterstützen zu wollen, ehrlichem Mitgefühl, und dem Bestreben, einzugreifen. Das wäre ein Übergriff.

Der Impuls zur Unterstützung einer Versöhnung muss *immer* vom Sterbenden ausgehen. Gelegentlich ist es mir gelungen, eine Aussöhnung zu ermöglichen, was aber nur dann möglich ist, wenn beide Konfliktparteien es wollen. Eine gelungene Versöhnung auf den letzten Metern ist etwas Besonderes, das selten gelingt. Für mich war es eine wahre Sternstunde, wenn ich dazu beitragen konnte.

Während solcher Fortbildungen, die auch ich seit Jahren für ehrenamtliche Begleiter anbiete, werden Handlungsalternativen aufgezeigt, die es Begleitern erleichtern, sich richtig zu verhalten. Es wird ihnen erklärt, wie wichtig es ist, bei sich selbst zu bleiben, sich nicht in einen Konflikt hineinziehen zu lassen und dadurch zur Konfliktpartei zu werden, denn als Außenstehender ist es ohne Kenntnisse aller Facetten des Konfliktes schwierig zu beurteilen, was in der Familie vorgefallen ist und wie die Familienchoreografie zu beurteilen ist. Wichtig ist es, sich als Begleiter ständig bewusst zu machen, dass jeder der Konfliktpartner seine Wahrnehmung hat und dass es infolgedessen mehrere Wahrheiten geben kann. Abgrenzen kann man sich als Begleiter nur dadurch, indem man sich immer wieder bewusst macht, dass es nicht zum Auftrag einer Begleitung gehört, Familienkonflikte zu bereinigen. Es gilt, anzunehmen, was ist, und auszuhalten und zu akzeptieren, dass für Konflikte, die über Jahre und Jahrzehnte bestehen, am Ende des Lebens manchmal Zeit und Kraft nicht mehr ausreichen, um sie zu bereinigen.

Fortbildungen sind auch hilfreich, um darin zu unterstützen, mit Depression und Trauer der zu Begleitenden über verpasste Gelegenheiten umzugehen, denn auch die verpasste Chance, eigene Lebensträume und -wünsche umzusetzen, kann Anlass zur Trauer sein. Ich habe in Begleitungen häufig beobachten müssen, dass Menschen am Ende ihres Lebens auf ein ungelebtes Leben und verpasste Chancen zurückblicken und verpasste Gelegenheiten zutiefst bedauern. Häufig habe ich während meiner Begleitungen erleben müssen, dass Sterbende am Ende ihres Lebens bedauerten, nicht den Mut gehabt zu haben, ihr eigenes Leben zu leben und sich Träume zu erfüllen.

Zahlreiche Sterbende, die ich begleitete, waren angepasste Menschen, die jahrzehntelang ihre Pflicht erfüllt und getan hatten, was von ihnen erwartet wurde. Sie heirateten, bekamen Kinder und opferten sich für den Partner oder den Job auf. Am Ende ihres Lebens bedauern sie nach meiner Beobachtung am meisten, was sie nicht getan haben, und trauern um verpasste Gelegenheiten, die nicht nachgeholt werden können, weil das Leben die einzige Chance und keine Generalprobe ist. Verpasste Chancen führen häufig dazu, Lebensentscheidungen zu bereuen und in Selbstvorwürfen und Depressionen zu versinken. Schwer auszuhalten war es für mich, wenn Sterbende mit ihrem Leben haderten und sich vorwarfen, nicht wirklich gelebt zu haben.

Den meisten, die ich begleitete, wurde irgendwann bewusst, dass vieles, was sie für so wichtig hielten, eigentlich unwichtig war. Sie erkannten, dass sie ein Leben nach dem Fahrplan anderer Menschen geführt und deshalb nie ihr ganz persönliches Lebensziel erreicht hatten. Sie waren so sehr damit beschäftigt, es anderen recht zu machen und nach deren Vorstellungen zu leben, dass sie sich und ihr Leben völlig aus den Augen verloren haben. Sie trauern dann nicht nur, weil sie Abschied nehmen müssen von ihrem Leben und der Welt, sondern weil sie es versäumt haben, das Beste aus ihrem Leben zu machen und ihre Träume zu verwirklichen.

Bronnie Ware, die australische Palliativpflegerin, hat viele Menschen am Sterbebett bis zum Tod begleitet. In den Wochen davor hörte sie in den vielen vertrauensvollen Gesprächen immer wieder dieselben Äußerungen. Sätze, in denen die Sterbenden ihr Bedauern darüber ausdrücken, nicht das Leben gelebt zu haben, das sie sich gewünscht haben.

In ihrem Bestseller *5 Dinge, die Sterbende am meisten bereuen*[24] offenbart die Autorin, was am Ende wirklich zählt. Oft wird das den meisten Menschen erst auf dem Sterbebett bewusst, z. B., dass sie zu viel gearbeitet und sich zu wenig Zeit für Familie und Freunde genommen zu haben.

Es gibt immer wieder Begleitungen, die von Trauer über Vertagtes und Verschobenes geprägt sind, was nicht mehr in Erfüllung gehen kann, weil keine Zeit mehr dafür bleibt. Es fand sich nie die Zeit dafür, das zu tun, was man sich eigentlich immer gewünscht hatte, weil man die Prioritäten falsch gesetzt hatte. Über dieses Phänomen hat sich Heinrich Spoerl im Märchen vom Zauberknopf Gedanken gemacht:

Der Zauberknopf

Es war einmal ein junger Bauer, der wollte seine Liebste treffen. Er war ein ungeduldiger Gesell und viel zu früh gekommen und verstand sich schlecht aufs Warten. Er sah nicht den Sonnenschein, nicht den Frühling und die Pracht der Blumen. Ungeduldig warf er sich unter einen Baum und haderte mit sich und der Welt.

Da stand plötzlich ein graues Männlein vor ihm und sagte: „Ich weiß, wo dich der Schuh drückt. Nimm diesen Knopf und nähe ihn an dein Wams. Und wenn du auf etwas wartest und dir die Zeit zu langsam geht, dann brauchst du nur den Knopf nach rechts zudrehen, und du springst über die Zeit hinweg bis dahin, wo du willst."

Das war so recht nach des jungen Burschen Geschmack. Er nahm den Zauberknopf und machte einen Versuch und drehte: Und schon stand die Liebste vor ihm und lachte ihn an. Das ist schön und gut, dachte er, aber mir wäre lieber, wenn schon Hochzeit wäre. Er drehte abermals: Und saß mit ihr beim Hochzeitsschmaus, und Flöten und Geigen klangen um ihn. Da sah er seiner jungen Frau in die Augen: Wenn wir doch schon allein wären. Wieder drehte er heimlich, und da war tiefe Nacht und sein Wunsch erfüllt. Und dann sprach er über seine Pläne. Wenn unser neues Haus erst fer-

tig ist – und drehte von Neuem an dem Knopf: Da war Sommer, und das Haus stand breit und leer und nahm ihn auf. jetzt fehlen uns noch die Kinder, sagte er, und konnte es wiederum nicht erwarten. Und drehte schnell den Knopf: Da war er älter und hatte seine Buben auf den Knien und Neues im Sinn und konnte es nicht erwarten. Und drehte, drehte, dass das Leben an ihm vorbeisprang, und ehe er sich's versah, war er ein alter Mann und lag auf dem Sterbebett. Nun hatte er nichts mehr zu drehen und blickte hinter sich und merkte, dass er schlecht gewirtschaftet hatte. Er wollte sich das Warten ersparen und nur die Erfüllung genießen, wie man Rosinen aus einem Napfkuchen nascht. Nun, da sein Leben verrauscht war, erkannte er, dass auch das Warten des Lebens wert ist und erst die Erfüllung würzt. Was gäbe er darum, wenn er die Zeit ein wenig rückwärts schrauben könnte! Zitternd versuchte er den Knopf nach links zu drehen. Da tat es einen Ruck, er wachte auf und lag noch immer unter dem blühenden Baum und wartete auf seine Liebste. Aber jetzt hatte er das Warten gelernt. Alle Hast und Ungeduld war von ihm gewichen; er schaute gelassen in den blauen Himmel, hörte den Vöglein zu und spielte mit den Käfern im Grase. Und freute sich des Wartens.[25]

So wie dem jungen Bauern im Zauberknopf erging es auch Marianne, 49, Mutter von fünf Kindern, die an Eierstockkrebs unheilbar erkrankt war und immer auf etwas wartete: „... wenn die Kinder groß sind, wenn das Haus abgezahlt ist, wenn meine Eltern mich nicht mehr brauchen." Diese Gesichtspunkte gaben ihr die Prioritäten des Lebens vor, denen alle eigenen Wünsche und Bedürfnisse nachgeordnet und auf später verschoben wurden. Dieses Später gab es nun nicht mehr, ihre Zeit war abgelaufen, und anders als im Märchen gab es für sie auch nicht die Möglichkeit, den Knopf links herum zu drehen und die Zeit damit zurückzudrehen. Sie haderte damit, so jung sterben zu müssen, und damit, immer nur für andere da gewesen zu sein und nie das getan zu haben, was sie gern mal getan hätte. Das Bewusstsein ihrer begrenzten Lebenszeit, ihrer nachlassenden Kräfte und ihrer vielen verpassten Gelegenheiten und Chancen ließen sie am Ende sogar depressiv werden.

In Fortbildungen geht es darum zu erarbeiten, wie Begleiter mit Depressionen und Trauer über das Bewusstwerden der Anteile ungelebten, vergeudeten Lebens umgehen sollen. Es ist ein Bedauern, das nachdenklich macht und zeigt, worauf es wirklich ankommt, was am Ende wirklich zählt. Nach diesen Erfahrungen hat sich Bronnie Ware dazu entschieden, nur noch das zu tun, was sie wirklich will.

Erst angesichts des Todes wird vielen Menschen klar, was sie versäumt haben. Sie empfinden Wut, Ärger und Verbitterung darüber.

In Fortbildungen geht es auch darum, mit dieser Achterbahn der Gefühle umgehen und sie aushalten zu können. Begleiter lernen in Fortbildungen, dass jeder für sein eigenes Leben verantwortlich ist – und dass es an jedem selbst liegt, was er aus diesem Leben macht, welche Entscheidungen er trifft, wie er mit sich und seinem Leben umgeht.

Begleiter können aber dazu beitragen, dass der Sterbende sich mit sich und seinem Leben, das so und nicht anders war, zu versöhnen. Sie können dadurch eine andere Perspektive ermöglichen, indem sie ihren Blick nicht auf verpasste Gelegenheiten lenken, sondern auf das, was gelungen ist, meist aber für selbstverständlich gehalten wird. Je nachdem, wie lange eine Begleitung dauert und wie intensiv sie ist, haben Begleiter auch die Möglichkeit, die Lebenszufriedenheit Sterbender wiederzuerwecken, indem sie diese davon überzeugen, dass sie unter den gegebenen Voraussetzungen das Beste aus ihrem Leben gemacht haben.

Ausklang

Mein ganz besonderer Dank gilt allen, deren letzte Wegstrecke ich begleiten durfte und ohne deren Vertrauen und grenzenlose Offenheit ich niemals meine Einsichten, Erkenntnisse und Erfahrungen hinsichtlich Sterben, Tod und Trauer hätte gewinnen können.

Lassen Sie mich meine Ausführungen ausklingen mit einer tröstlichen Anekdote:

Am Boden eines kleinen ruhigen Teiches lebte eine Gemeinschaft von Wasserkäfern. Es war eine zufriedene Gemeinschaft, die dort im Halbdunkel lebte und damit beschäftigt war, über den Schlamm am Boden des Teiches hin und her zu laufen und nach und nach etwas Nahrung zu suchen.

Immer wieder bemerkten die Wasserkäfer jedoch, dass der eine oder andere von ihnen anscheinend das Interesse daran verlor, bei ihnen zu bleiben. Er klammerte sich dann an einen Stängel einer Teichrose und kroch langsam daran empor, bis er verschwunden war. Dann wurde er nie wieder gesehen.

Eines Tages, als dies wieder geschah, sagten die Wasserkäfer zueinander: „Da klettert wieder einer unserer Freunde den Stängel empor. Wohin mag er wohl gehen?“

Aber obwohl sie genau zuschauten, entschwand auch dieses Mal der Freund schließlich aus ihren Augen. Die Zurückgebliebenen warteten noch eine lange Zeit, aber er kam nicht zurück.

„Ist das nicht merkwürdig?“, sagte der erste Wasserkäfer.

„War er denn hier nicht glücklich bei uns?“, fragte der zweite.

„Wo er jetzt wohl ist?“, wunderte sich der dritte.

Keiner wusste eine Antwort. Sie standen vor einem Rätsel.

Schließlich berief der Älteste der Käfer eine Versammlung ein. „Ich habe eine Idee“, sagte er. „Der Nächste, der von uns den Teichrosenstängel emporklettert, muss versprechen, dass er zurückkommt und uns erzählt, wohin er gegangen ist und warum.“ „Wir versprechen es“, sagten alle feierlich.

Nicht lange danach an einem Frühlingstag, bemerkte genau der Wasserkäfer, der den Vorschlag gemacht hatte, dass er dabei war, den Teichrosenstängel emporzuklettern. Höher und immer höher kletterte er. Und dann, noch bevor er wusste, was ihm geschah, durchbrach er die Wasseroberfläche und fiel auf ein großes, grünes Teichrosenblatt.

Als der Wasserkäfer wieder zu sich kam, blickte er verwundert um sich. Er konnte nicht glauben, was er da sah. Alles war ganz anders, und auch sein Körper schien auf merkwürdige Art verändert. Als er ihn neugierig zu betrachten begann, fiel sein Blick auf vier glitzernde Flügel und einen langen Hinterleib, die nun anscheinend zu ihm gehörten. Noch während er sich über seine ungewohnte Form wunderte, spürte er ein Drängen, die Flügel zu bewegen. Er gab dem Drängen nach, bewegte seine Flügel – und plötzlich, ohne zu wissen wie, befand er sich in der Luft.

Der Wasserkäfer war eine Libelle geworden. Auf und ab, in engen und großen Kreisen, bewegte sich die neugeborene Libelle durch die Luft. Sie fühlte sich wunderbar in diesem so ganz andersartigen Element. Nach einiger Zeit ließ sie sich auf einem Blatt zum Ausruhen nieder.

In diesem Moment sah die Libelle hinunter ins Wasser. Und da waren ihre alten Freunde, die anderen Wasserkäfer, die hin und her liefen am Boden des Teiches. Jetzt erinnerte sich die Libelle an ihr Versprechen.

Ohne lange zu überlegen, stürzte sich die Libelle hinab, um ihren alten Freunden zu berichten. Aber sie prallte an der Oberfläche des Wassers ab.

„Ich kann nicht zurück", sagte sie traurig. „Zwar habe ich es versucht, aber ich kann mein Versprechen nicht halten. Und selbst wenn ich zurück könnte, kein einziger meiner Freunde würde mich in meinem neuen Körper erkennen."

Und nach einigem Nachdenken wurde ihr klar: „Ich muss wohl warten, bis sie ebenfalls Libellen geworden sind. Dann wissen sie selbst, was mir widerfahren ist und wohin ich gegangen bin."

Und damit flog die Libelle glücklich empor, in ihre wunderbare neue Welt aus Licht und Luft.

Verfasser unbekannt

Quellen

1 Dresen, Andreas (2011), Halt auf freier Strecke, Kinofilm

2 Grimm, Jacob und Wilhelm (2003), Der alte Großvater und der Enkel, München: Knaur

3 Döring, Dorothee, (2004), Rollentausch. Wenn Eltern in die Jahre kommen, Neukirchen-Vluyn: Neukirchener Verlagshaus

4 Roth, Philip (1995), Mein Leben als Sohn, München: dtv

5 Barth, Friedrich Karl und Horst, Peter (1979), Uns allen blüht der Tod. Ein Fest für die Lebenden, Telgte: Peter Janssens Verlag

6 http://www.haus-der-sprache.de/lektor.php/redaktion/comments-zitateblog/wenn-ich-mein-leben-noch-einmal-leben-koennte-jorge-luis-borges/ nach dem Stand vom 1. 10. 2017

7 Eckermann, Johann Peter (1981), Gespräche mit Goethe in den letzten Jahren seines Lebens, Frankfurt am Main: Insel Verlag

8 https://www.life-is-more.at/focus/texte_detail.php?id=4. nach dem Stand vom 1. 10. 2017

9 Kübler-Ross, Elisabeth (2001), Interviews mit Sterbenden, München: Droemer Knaur

10 http://de.wikisource.org/wiki/Herr_von_Ribbeck_auf_Ribbeck_im_Havelland_%28Fontane%29 nach dem Stand vom 1. 10. 2017

11 Brocher, Tobias (1975)12, Von der Schwierigkeit zu lieben. Maßstäbe des Menschlichen, Stuttgart: Kreuz Verlag

12 Döring, Dorothee (2009), Familiengeheimnisse und Tabus. Wie Sie sich Ihrer Vergangenheit stellen können, München: mvg-Verlag

13 Kübler-Ross, Elisabeth (2001), Interviews mit Sterbenden, a. a. O.

14 http://www.grenzwissenschaft-aktuell.de/1von5-sterbenden-hat-sterbebettvisionen20160929/. nach dem Stand vom 1. 10. 2017

15 http://www.grenzwissenschaft-aktuell.de/1von5-sterbenden-hat-sterbebettvisionen20160929/. nach dem Stand vom 1. 10. 2017

16 Sieveking, David (2012), Vergiss mein nicht. Wie meine Mutter ihr Gedächtnis verlor und ich meine Eltern neu kennenlernte, Freiburg im Breisgau: Herder Verlag

17 https://www.rlp-forschung.de/public/people/Andreas_Froehlich/publications/12891, nach dem Stand vom 1. 10. 2017

18 Bach, Johann Sebastian, BWV 98

19 Fishback Power, Margaret (1964), Spuren im Sand, Gießen, Brunnen-Verlag

20 George, Wolfgang (2014) Sterben in stationären Pflegeeinrichtungen. Situationsbeschreiburg, Zusammenhänge, Gießen: Psychosozial-Verlag

21 https://www.stiftung-patientenschutz.de/stiftung, nach dem Stand vom 1. 10. 2017

22 http://www.lebensgedanken.de. Auszug aus „Ratschläge eines Sterbenden" von Johann Christoph Hampe, Diakonie-Report 2/88, Stuttgart, nach dem Stand vom 1. 10. 2017

23 http://www.vr.de/pdf/titel_inhalt_und_leseprobe/1008501/inhaltundleseprobe_9783647403410.pdf. nach dem Stand vom 1. 10. 2017

24 Ware, Bronnie (2013), 5 Dinge, die Sterbende am meisten bereuen. Einsichten, die Ihr Leben verändern werden. München: Goldmann Verlag (Arkana)

25 http://de.wikipedia.org/wiki/Heinrich_Spoerl, nach dem Stand vom 1. 10. 2017